120 Músicas Favoritas para Piano

Incluindo:
um Curso de Piano Popular e
Noções de Órgão Eletrônico

Mário Mascarenhas

Como Tocar a Maravilhosa Música Popular Brasileira

3º VOLUME

Nº Cat.: 216-A

Irmãos Vitale Editores Ltda.
vitale.com.br
Rua Raposo Tavares, 85 São Paulo SP
CEP: 04704-110 editora@vitale.com.br Tel.: 11 5081-9499

© Copyright 1980 by Irmãos Vitale Editores Ltda. - São Paulo - Rio de Janeiro - Brasil.
Todos os direitos autorais reservados para todos os países. *All rights reserved.*

Dados Internacionais de Catalogação na Publicação (CIP)
(Câmara Brasileira do Livro, SP, Brasil)

Mascarenhas, Mário
   120 músicas favoritas para piano, 3º volume : como tocar a maravilhosa música popular brasileira / Mário Mascarenhas. -- 6. ed. -- São Paulo : Irmãos Vitale, 2000.

"Incluindo: um curso de piano popular e noções de órgão eletrônico"

1. Música popular brasileira 2. Piano - Estudo e ensino I. Título.

ISBN 85-7407-094-7
ISBN 978-85-7407-094-0

00-2257   CDD-786.207

Índices para catálogo sistemático:

1. Piano : Estudo e ensino : Música   786.207

Homenagem

Ao nobre amigo
    THOMAZ VERNA
    ofereço esta obra, em três volumes.
                MÁRIO MASCARENHAS
                      Rio, 15-8-79

Desenhista: BUTH
Fotógrafo da Capa: LUIZ SILVA

Prefácio

O Professor Mário Mascarenhas apresenta este maravilhoso trabalho: "120 MÚSICAS FAVORITAS PARA PIANO", 3º volume. Trata-se de uma agradável exaltação à Música Popular Brasileira.

Este livro é de suma importância para os amantes do piano. As músicas que ele contém estão transcritas através de arranjos diretos e objetivos. O Método Mascarenhas já se tornou um hábito neste país de gente inteligente que gosta de assimilar as coisas com amor e sem grandes complicações.

Sou bastante favorável ao trabalho do Professor Mário Mascarenhas por seu aspecto didático e também pela alegria que ele vem emprestando a milhares de novos pianistas.

João Roberto Kelly
Presidente da RIOTUR
Rio de Janeiro, 27/11/80

Agradecimentos

Aos queridos amigos e colegas Prof.ª BELMIRA CARDOSO e MAESTRO JOSÉ PEREIRA DOS SANTOS, pela constante revisão que sempre fizeram em minhas obras;

Ao amigo Prof. LAERTE MELLO, pela brilhante e eficaz revisão que fez nesta obra, executando com admirável maestria de um profissional o autêntico ritmo de nosso samba bem brasileiro;

Ao proprietário da CASA MILTON PIANOS, sr. WILSON JOAQUIM MATTOS, que tão gentilmente ofereceu seu CURSO DE ÓRGÃO ELETRÔNICO, para pesquisa do programa moderno de ensino deste instrumento entre os professores que ali administram as aulas; à coordenadora do CURSO, professora NORMA MATTOS MAFRA pelas suas acertadas orientações; aos magníficos professores CARLOS ELOI DA SILVA BRAGA, ROBERTO CUPELLO e ENIR IZOLDI AMORIM, que cooperaram com o maior carinho e interesse, revendo meus arranjos para ÓRGÃO e fornecendo-me belas idéias e sugestões;

A todos os professores do BRASIL, PORTUGAL, URUGUAI, PARAGUAI, VENEZUELA e COLOMBIA, que adotam minhas obras, o agradecimento mais sincero possível no coração de um colega.

MÁRIO MASCARENHAS

Curso de Piano Popular

Índice

	PÁG.
EXALTAÇÃO À MÚSICA POPULAR BRASILEIRA	9
CURSO DE PIANO POPULAR	10
SOBRE TEORIA MUSICAL E SOLFEJO	10
CONSELHOS AOS ALUNOS	11
O SEGREDO MARAVILHOSO DAS CIFRAS	12
CIFRAGEM NOS DOIS IDIOMAS	13
ACORDES MAIORES E MENORES	14
QUADRO DOS ACORDES MAIORES	14
ACORDES DE 6.ª MAIOR	15
QUADRO DOS ACORDES DE 6.ª MAIOR	16
QUADRO DOS ACORDES DE 5.ª AUMENTADA E 5.ª DIMINUIDA	17
ACORDE DE 7.ª (SÉTIMA)	18
QUADRO DOS ACORDES DE 7.ªs	19
ACORDE DE 7.ª MENOR	20
ACORDE DE 9.ª MAIOR E MENOR	20
ACORDE DE 11.ª MAIOR E AUMENTADA	21
ACORDE DE 13.ª MAIOR	21
ENCADEAMENTO DE ACORDES	22
CÍRCULO DAS QUINTAS	23
INVERSÕES DE ACORDES	24
RECORDANDO ACORDES	25
BAIXOS ALTERNADOS	26
RITMOS DIVERSOS	27
COMO TOCAR O SAMBA	33
RITMO NA MESA	35
RITMO COM OBJETOS DE PERCUSSÃO	36
RITMO COM PROSÓDIA	36
RITMO NA CAIXA DE FÓSFORO	37
RITMO SINCOPADO	38
MODELOS DE RITMOS	39
SETE MANEIRAS FÁCEIS DE ACOMPANHAR	47

Noções de Órgão Eletrônico

Índice

COMO TOCAR PARTITURAS DE PIANO NO ÓRGÃO	49
NOMENCLATURA GERAL DO ÓRGÃO ELETRÔNICO	50
QUADRO DOS TECLADOS E PEDALEIRA	51
INTRODUÇÃO AO ÓRGÃO ELETRÔNICO	52
REGISTROS	52
TECLADO SUPERIOR E INFERIOR	53
PEDALEIRA	54
EXTENSÃO DAS NOTAS DOS ACORDES	55
EXERCÍCIOS NOS DOIS TECLADOS E PEDALEIRA	56
ACORDE DE DÓ MAIOR	57
EXERCÍCIOS NA PEDALEIRA	58
EXERCÍCIOS NA PEDALEIRA EM FORMA DE CANÇÕES	59
COMO TOCAR MÚSICAS DE PIANO NO ÓRGÃO	60
ACORDES PARADOS	62
ABREVIAÇÕES NA ESCRITA MUSICAL PARA ÓRGÃO	64
SOBRE O FOLCLORE	67

Repertório

Índice

	PÁG.
A BELA ADORMECIDA (Do Ballet "O Lago dos Cisnes") - P. TCHAIKOVSKY	268
ADÁGIO - Da Sonata N.º 2 Opus 35 - F. CHOPIN	242
ADÁGIO - Gran Pas-de-deux (Ballet Giselle) - ADOLPHE ADAM	256
ADIÓS, PAMPA MIA - Tango Campero - FRANCISCO CANARO, M. FLORES e IVO PELAY	204
AI! QUE SAUDADES DA AMÉLIA - Samba - ATAULFO ALVES e MÁRIO LAGO	94
ANDRÉ DE SAPATO NOVO - Choro - ANDRÉ VICTOR CORREIA	118
AGORA É CINZA - Samba - BIDE e MARÇAL	90
AQUARELA DO BRASIL - Samba Estilizado - ARY BARROSO	68
AMOR DE BONECA - Valsa - MÁRIO MASCARENHAS	164
ARABESQUE N.º 1 - CLAUDE DEBUSSY	281
ARROZ CON LECHE - Folclore Argentino	231
AVE MARIA DE LOURDES - Melodia Popular Católica	234
AVE MARIA NO MORRO - Samba-Canção - HERIVELTO MARTINS	96
AVE MARIA - Samba - VICENTE PAIVA e JAYME REDONDO	98
AVE MARIA - Valsa-Serenata - EROTHIDES DE CAMPOS	148
BAJÓ UN ANGEL DEL CIELO - Folclore Argentino	231
BANDEIRA BRANCA - Marcha - MAX NUNES e LAÉRCIO ALVES	144
BATUQUE NA COZINHA - Melodia Popular	223
BATUQUE NO MORRO - Batucada - RUSSO DO PANDEIRO e SÁ RORIS	104
BELARMINO TINHA UMA FLAUTA - Melodia Popular	222
BESAME MUCHO - Bolero - CONSUELO VELASQUEZ	200
BODAS DE PRATA - Valsa - ROBERTO MARTINS e MÁRIO ROSSI	166
BOA NOITE, AMOR! - Valsa Romance - JOSÉ MARIA ABREU	154
BOTA MOLHO NESTE SAMBA - Samba - MÁRIO MASCARENHAS	108
BREJEIRO - Tango Brasileiro - ERNESTO NAZARETH	124
CAIXINHA DE MÚSICA - Pecinhas Folclóricas	228
CANÇÃO DA CRIANÇA - Valsa - FRANCISCO ALVES e RENÊ BITTENCOURT	134
CANTA MARIA - Valsa - ARY BARROSO	136
CASTIGO - Samba-Canção - DOLORES DURAN	86
CAMINHEMOS - Samba - HERIVELTO MARTINS	76
CAMISA LISTADA - Samba-Choro - ASSIS VALENTE	126
CARO NOME (RIGOLETO) - Yê, Yê, Yê - G. VERDI	183
CENA FINAL (Giselle) - Ballet Giselle - ADOLPHE ADAM	257
CHANSON DES SCIEURS DE LONG (Canção do Serrador) - Célebre Canção Belga	233
CHÃO DE ESTRELAS - Valsa-Canção - ORESTES BARBOSA e SÍLVIO CALDAS	170
CINCO LETRAS QUE CHORAM - Samba-Canção - SILVINO NETTO	92
CONSTANÇA - Modinha Brasileira	220
CRAZY BOOGIE (Boogie Louco) - MÁRIO MASCARENHAS	168
DANÇA DOS SETE VÉUS (Salomé) - MÁRIO MASCARENHAS	116
DOCINHOS DE ALEXANDRIA - Canção de Ninar - Folclore da Grécia	232
EU E A BRISA - Música Jovem - JOHNNY ALF	112
EU SONHEI QUE TU ESTAVAS TÃO LINDA - Valsa - LAMARTINE BABO	156
ENTRADA DE GISELLE - Ballet Giselle - ADOLPHE ADAM	250
ÉTUDE - OPUS 2 N.º 1 - A. SCRABINE	278
FARANDOLE - Marcha dos Três Reis - GEORGES BIZET	248
FASCINATION - Valsa - F. D. MARCHETTI	192
FAVELA - Samba-Canção - ROBERTO MARTINS e WALDEMAR SILVA	82
FELICIDADE (Schottis da felicidade) - LUPICÍNIO RODRIGUES	150
FENESTA CHE LUCIVE - Antiga Canção Napolitana	246
FLOR DA CHINA - Melodia Popular	225
FOI ELA - Samba - ARY BARROSO	106
GIOCONDA - A Dança das Horas - Yê, Yê, Yê - A. PONCHIELLI	180
GISELLE ET LOYS - Pas-des-Deux - ADOLPHE ADAM	252
GRANADA - Fantasia Espanhola - AGUSTIN LARA	214
HAVA NAGILA - Canção Israelita	202
HISTORIA DE UN AMOR - Bolero - CARLOS ALMARAN	206
IDÍLIO ESPANHOL - Numa Festa Campestre - MÁRIO MASCARENHAS	259

Repertório

Índice

	PÁG.
I FILL GLOOMY TODAY - Sinto-me Triste Hoje - Slow Blue - MÁRIO MASCARENHAS	152
LA DONNA È MOBILE (Rigoleto) Baião - G. VERDI	182
LAMENTOS - Choro - PIXINGUINHA e VINÍCIUS DE MORAES	120
LET'S PLAY JAZZ - Vamos Tocar Jazz - MÁRIO MASCARENHAS	178
LUA BRANCA - Canção (da Opereta "Forrobodó") - FRANCISCA GONZAGA	160
LINDA FLOR - YAYÁ - Música de H. VOGELLER - Letras CÂNDIDO COSTA, LUIZ COSTA e MARQUES PORTO	71
MÁGOAS DE CABOCLO - Canção - J. CASCATA e LEONEL AZEVEDO	158
MALAGUEÑA - Son Huasteco - ELPÍDIO RAMIREZ e PEDRO GALINDO	208
MAL-ME-QUER - Marcha Rancho - CRISTÓVÃO DE ALENCAR e NEWTON TEIXEIRA	162
MARINGÁ - Canção - JOUBERT DE CARVALHO	174
MANO A MANO - Tango - CARLOS GARDEL	210
MAZURCA - P. TCHAIKOVSKY	243
MEU BANDOLIM - Folclore Brasileiro	224
MEUS OITO ANOS - Canção - Versos de CASIMIRO DE ABREU	218
MI BUENOS AIRES QUERIDO - Tango - CARLOS GARDEL	212
MINHA TERRA TEM PALMEIRAS - Canção Brasileira - Versos de A. GONÇALVES DIAS	226
MINEIRO PAU - Folclore Brasileiro	224
MISTURA - Samba-Canção - JOÃO ROBERTO KELLY	100
MORENINHA SE EU TE PEDISSE - Modinha Brasileira	221
MOMÔ TARO, O FILHO DO PÊSSEGO - Folclore Japonês	230
NA BAIXA DO SAPATEIRO (Bahia) - Samba-Jongo - ARY BARROSO	114
NÃO TENHO LÁGRIMAS - Samba - MAX BULHÕES e MILTON DE OLIVEIRA	110
NATAL DAS CRIANÇAS - Valsinha de Roda - BLECAUTE	132
NEM EU - Samba-Canção - DORIVAL CAYMMY	88
NINGUÉM ME AMA - Samba-Canção - FERNANDO LOBO e ANTONIO MARIA	80
NOTURNO - OPUS 9 N.º 2 (Para a Mão Esquerda) - A. SCRIABINE	274
O ALEGRE CAMPONÊS - Baião - R. SCHUMANN	186
ODE À ALEGRIA - Da 9.ª Sinfonia - L. VAN BEETHOVEN	129
O DESPERTAR DA MONTANHA - Tango de Salão - EDUARDO SOUTO	176
OH! MARIA CONCEBIDA - Melodia Católica	236
OH! MARIA CONCEBIDA (Como Cantada em Minas)	237
O SANFONEIRO SÓ TOCAVA ISSO - Marcha Caipira - HAROLDO LOBO e G. MEDEIROS	130
POUR ELISE (Para Elisa) - Samba - L. VAN BEETHOVEN	190
QUEREMOS DEUS - F. X. MOREAU	235
RÊVE D'AMOUR - NOTURNO N.º 3 - F. LISZT	286
RISQUE - Samba - ARY BARROSO	74
ROMANCE - OPUS N.º 5 - P. TCHAIKOVSKY	241
ROSA DE ESPINHO - Folclore Alemão	230
ROSA MARIA - Valsa - ROBERTO MARTINS e EWALDO RUY	138
RUÍNAS DE ATHENAS - Marcha Turca - L. VAN BEETHOVEN	240
SAUDADES DE OURO PRETO - Valsa - ANTENÓGENES SILVA	142
SENTADA NUMA CADEIRA - Canção Brasileira	219
SEU MARIANO - Melodia Popular	223
SINFONIA DA SURPRESA - Tema - J. HAYDN	239
SINFONIA 40 - Em Sol Menor K 550 - Baião - W. A. MOZART	184
SOLAMENTE UNA VEZ - Fox-Bolero - AGUSTIN LARA	194
TABOO (Tabú) - MARGARIDA LECUONA	196
TÁ-HÍ!... (Pra Você Gostar de Mim...) - Marcha-Canção - JOUBERT DE CARVALHO	146
TE QUIERO, DIJISTE (Bonequita Linda) - Fox-Bolero - MARIA GREVER	198
TEMA DE AMOR - Polovetzian Dances - ALEXANDER P. BORODIN	244
TEMA DO CONCERTO N.º 1 - OPUS II - F. CHOPIN	272
TENHO CIÚMES - Modinha Brasileira	220
TERNURA ANTIGA - Samba-Canção - J. RIBAMAR e DOLORES DURAN	84
TREM DAS ONZE - Samba - ADONIRAN BARBOSA	122
TUDO ACABADO - Samba - J. PIEDADE e OSWALDO MARTINS	78
VALSA - J. BRAHMS	238
VALSA DE GISELLE (Do Ballet Giselle) - ADOLPHE ADAM	254
VALSA DE UMA CIDADE - Valsa - ISMAEL NETTO e ANTONIO MARIA	140
VARIAÇÃO DE GISELLE (1.º ATO) - ADOLPHE ADAM	253
VARIAÇÕES SOBRE OLHOS NEGROS - Folclore Russo - MÁRIO MASCARENHAS	269
VASSOURINHAS - Frevo - MATIAS DA ROCHA e JOANA BATISTA RAMOS	172
VOCÊ - Bossa Nova - ROBERTO MENESCAL e RONALDO BÔSCOLI	102
UMA PEQUENA SERENATA À NOITE - Em Sol Maior K 525 - Baião - W. A. MOZART	188

Breve Biografia de "La Vida y su Musica" del Talentoso y Gran Compositor Brasileño Mário Mascarenhas

Eminente compositor brasileño dedica toda su vida a la música, a la composición, al arte.

Tiene obras tan originales, tan poéticas, mejor dicho tan suyas, y de una belleza tan pura como pocas.

Las etapas de su vida se marcan con nombres de música, de composiciones, de páginas inolvidables en el mundo del arte musical.

La naturaleza ha sido pródiga con él. Mário Mascarenhas lo ve todo y su alma bebe fascinada en la milagrosa fuente que ante él se abrió.

Mientras escuchamos la maravilla de su música, procuramos compreender la fuente de la cuál fluye. Y he aquí que en el origen de esta divina fuente encontramos un compositor. Un compositor que interpreta sus pensamientos, convirtiéndolos en la belleza de su música. Y este poder de interpretación del gran compositor es lo que eleva su personalidad a el plano de los grandes compositores.

Sueña con nuevas obras, con música, con arte. En su corazón se funden lo que ve y oye; el sol y las montañas, las nubes estivales y los sonidos soñadores, colores y ritmos, belleza y gracia.

A Mário Mascarenhas se le podria llamar el "Corazón del Alma de Brasil", porque en él palpitan todas las pasiones, todos los sentimientos humanos y todo el encanto y la belleza de su madre tierra.

El encuentra siempre la expresión y el colorido justo en cada composición, en cada obra, en cada página. Ha compuesto innumerables obras para acordeón a piano, guitarra, flauta; para piano obras bellíssimas entre las que figuran la fantasía "Alma Cigana", Preludio Nº 4, Modinha, Glorias de Torero, Toada Sertaneja, Cuando a Caravana Passa, Dança Moldava, etc.

Quiero decir que su preciosa obra "Capricho Andaluz" nos evoca una Andalucía con sus jardines coloreados de claveles... rosas... flores... Capricho Andaluz, página bellíssima que figura entre las más felices inspiraciones del autor, és una impresión evocadora de la vida y del ambiente que cubre el luminoso cielo Andaluz.

Deseo que de el alma del gran compositor Mário Mascarenhas, sigan floreciendo hermosas páginas musicales para el mundo de la música, tan bellas y expressivas como todas las obras que hasta ahora de su alma de artista han florecido.

Iris Calderara de Armand Pilón
(Professora de Piano de Cardona-Soriano Uruguay)

Exaltação à Música Popular Brasileira

Há muito tempo sonhava elaborar um livro como este, em que pudesse homenagear a nossa Música Popular.

O samba, com seu ritmo sincopado e exótico, que circula em nosso sangue, atravessa nossas fronteiras e vai encantar outros povos com sua cadência e ginga deliciosas!

Agora, apresento uma série de jóias de nossa Música Popular, capítulo este que numa síntese de ardoroso afeto à minha Pátria, intitulei: Exaltação à Música Popular Brasileira.

Ela é a alma do povo, que traduz o nosso passado através dos seus ritmos sincopados, que herdamos dos cantos langorosos dos escravos trazidos em navios-negreiros, com seus batuques, lundus, maracatus, congadas, tocados e cantados nas senzalas.

Nossa riquíssima Música Popular se origina também dos cantos guerreiros e danças místicas de nossos índios e principalmente na música portuguesa transmitida pelos jesuítas e colonizadores, como sejam as cantigas de roda, fados e modinhas falando de amor.

Ela é inspirada também nas valsas, quadrilhas, xotes, marchas e polcas, dançadas pelas nossas "Sinhazinhas" (donzelas lindas de anquinhas, com seus "Carnets de Baile" nas mãos).

Tudo isto é uma exposição de quadros de Debret, pintados com palheta multicor de tintas sonoras.

Evolução...

e esta música contagiante foi-se aprimorando por arte de antigos e célebres autores populares, com seus maxixes estonteantes nos salões de nossos antepassados; tem em seu esplendor Chiquinha Gonzaga com sua Lua Branca, Corta-Jaca, Abre Alas, etc., até os magistrais e imponentes choros e valsas de Ernesto Nazareth, Zequinha Abreu, etc.

Hoje, cada vez mais incrustada em nosso sangue, a Nova Música Popular Brasileira surge modernizada, com roupagem, estrutura e forma, criados por inumeráveis compositores atuais, alicerçada, porém, naquelas velhas raízes.

Nota: Naquele tempo, nos salões de baile, cada mocinha usava um livrinho, onde anotava, por ordem das danças, os nomes dos rapazes com quem iria dançar. Esta lista de pretendentes e interessados era obedecida rigorosamente e este livrinho chamava-se "Carnet de Baile".

Curso de Piano Popular

Entusiasmado pela nossa bela Música Popular, senti a necessidade de colocar no princípio deste livro um Curso de Piano Popular, de músicas estrangeiras e brasileiras.

Veio-me logo a inspiração de elaborá-lo e o fiz cuidadosamente, procurando apresentar exercícios claros e muito úteis, explicados através de linguagem própria e simples, como é empregada nos meios da Música Popular.

Pareceu-me muito oportuno este curso porque os interessados poderão conhecer e praticar os inúmeros ritmos, como também desvendar o "Segredo das Cifras", mundialmente utilizado pelos executantes de Música Popular.

Estou certo de que as seguintes lições serão de grande valia para aqueles que pretendem adquirir uma boa base desse Sistema, como também para os professores que porventura estiverem interessados em adicionar em seus ensinamentos um Curso de Música Popular.

Este agradável estudo, que tanto anima e encanta o aluno, será um belo e fascinante complemento de sua aprendizagem pianística, completando sua versatilidade musical.

Sobre a Teoria Musical e Solfejo

Ritmo e Som

Seria impossível incluir neste álbum de 120 peças um Curso de Teoria Musical e Solfejo para os que não conhecem música. Muito espaço foi necessário para colocar os "Modelos de Ritmos", que são muito importantes para a prática do ensino da Música Popular.

Para os que começam a estudar, a Teoria Musical fica a critério do mestre e aproveito a oportunidade para sugerir o "Curso Completo de Teoria Musical e Solfejo", em dois volumes, de Belmira Cardoso e Mário Mascarenhas. Aliás, esta matéria é sempre ensinada à parte.

Ao estudar este curso teórico, é de suma importância que o estudante se dedique bastante à Formação de Acordes e Modulações, pois toda a matéria de Teoria Musical é extremamente necessária durante o Curso de Piano Popular, porque desvendará todas as dúvidas do estudante.

Conselhos aos Alunos

Peço permissão aos que me lêem e propõem-se a seguir o método deste livro para dar-lhes alguns pequenos conselhos, conforme o conhecimento que cada um tem de Música.

Aos que não conhecem música, eu diria: — Você por enquanto ainda não estudou Teoria Musical, mas quem sabe, tem a alma de um talentoso artista!

Seja paciente e não se afobe, como aquele lavrador que planta hoje e já quer colher amanhã. Você talvez se pergunte se precisa aprender Teoria Musical. Ora, uma partitura musical é como uma carta, é preciso ler a mensagem que traz. Se o seu professor insiste em que você aprenda as notas, não resista, que isto só será para o seu bem.

Basta ser calmo, estudioso, persistente e, sobretudo, acreditar em si mesmo.

Enfim, aos que conhecem Piano, Teoria e noções de Harmonia, são estes os conselhos que dou:

É possível que você não se contente em tocar só o que está escrito e quer ir além, quer mais. Começa então a tentar melhorar os arranjos, a criar. Na Música Popular ninguém é igual a ninguém, o imprescindível, no entanto, é que o executante saiba dar o "balanço e o molho", e isto está no interior de cada um.

Poderá criar variações mais importantes, enriquecer a melodia e os acordes com notas dissonantes, com ritmos mais variados, contracantos, arpejos, variações melódicas, cromáticas, etc.

Através dos arranjos deste livro, você poderá criar os seus próprios, pois nestas músicas estão os moldes. Com este treino, você será capaz de acompanhar cantores em qualquer ritmo e tonalidade, inclusive formar conjuntos populares e orquestras.

Esta é a razão por que este curso não se destina aos pianistas profissionais; para eles, não há mais segrêdos a aprender. São verdadeiros artistas e acostumados com a vivência noturna da "Roda do Samba". Eles enriquecem suas peças com uma infinidade de acordes dissonantes, harmonizações maravilhosas, e ritmos criados por eles mesmos.

Você poderá ser um deles!

O Segredo Maravilhoso das Cifras

Na Música Popular, usa-se, mundialmente, um Sistema de Cifragem Prática, para o acompanhamento de Violão, Piano, Acordeão e Órgão.

Cifras - são letras, números e sinais convencionais que se colocam acima ou abaixo de uma melodia, para representar as notas e os acordes correspondentes.

Internacionalmente empregadas pelos músicos profissionais de Música Popular, as Cifras são representadas em dois idiomas: Língua Latina e Língua Anglo-Saxônica.

Exemplo

As sete notas musicais são representadas pelas primeiras sete letras do alfabeto:

Ordem Alfabética: A, B, C, D, E, F, G - Língua Anglo-Saxônica
LÁ SI DO RÉ MI FÁ SOL - Língua Latina

Ordem Musical:

A primeira letra do alfabeto A, representa o LÁ do Diapasão Normal.

Acorde

Acorde - é a combinação de três ou mais sons diferentes ouvidos simultaneamente. Os acordes podem ser de 3, 4, 5 ou mais sons, de acordo com o número de notas que se encontram em sua formação.

Os acordes principais e mais usados são: Maiores, Menores e Sétimas da Dominante e Diminuta.

Cifragem nos dois Idiomas

Acorde Maior - É indicado apenas pela letra maiúscula correspondente ao nome da nota.

> Ex: C lê-se DÓ Maior (DÓ M)
> D lê-se RÉ Maior (RÉ M)

Observe que o C simples indica que o acorde é Maior, isto é, não se coloca o M após o C. Na Língua Latina coloca-se o M após o DÓ (DÓ M)

Acorde Menor - É indicado pela letra maiúscula correspondente ao nome da nota, seguida de um m (minúsculo).

> Ex: Cm lê-se DÓ menor (DÓ m)
> Dm lê-se RÉ menor (RÉ m)

Acorde de Sétima - Acorde de Sétima da Dominante, dos dois modos. É indicado pela letra maiúscula correspondente ao nome da nota, seguida do número 7 (sete)

> Ex: C7 lê-se DÓ Sétima (DÓ7) da Dominante
> D7 lê-se RÉ Sétima (RÉ7) da Dominante

Acorde de 7ª Diminuta - Acorde de 7ª da Sensível do Modo Menor. É indicado pela letra maiúscula correspondente ao nome da nota. Há duas formas para indicá-lo: C dm ou C° (C zero). Alguns autores só colocam dim.

> Ex: C dm ou C° - lê-se DÓ7 Diminuta (DÓ Sétima Diminuta)
> D dm ou D° - lê-se RÉ7 Diminuta (RÉ Sétima Diminuta)

Observe que na cifragem dos acordes de Sétima Diminuta, não se coloca o 7 : Adm, Edm. Já nos acordes de Sétima da Dominante ele é colocado: C7, G7, B7, etc.

Acordes Maiores e Menores

Acordes Consonantes

Os acordes maiores e menores são consonantes, e podem ser formados sobre qualquer nota representada pela cifra. Sobre esta cifra se sobrepõem as terças para se formar qualquer acorde. Como foi dito, para aqueles que não conhecem música, a parte teórica, que neste caso é a formação dos acordes, fica a critério do professor de Teoria Musical e Solfejo.

Quadro dos Acordes Maiores e Menores

No Estado Fundamental
Dedilhado

	Mão Esquerda	**Mão direita**
Acordes Maiores	5º 3º 1º dedos	1º 3º 5º dedos
Acordes Menores	5º 3º 1º dedos	1º 3º 5º dedos

Cifras		Notas do Acorde	Cifras		Notas do Acorde	Cifras		Notas do Acorde
DÓ	M / m	DÓ MI SOL / DÓ MI♭ SOL	SOL	M / m	SOL SI RÉ / SOL SI♭ RÉ	RÉ	M / m	RÉ FÁ♯ LÁ / RÉ FÁ LÁ
LÁ	M / m	LÁ DÓ♯ MI / LÁ DÓ MI	MI	M / m	MI SOL♯ SI / MI SOL SI	SI	M / m	SI RÉ♯ FÁ♯ / SI RÉ FÁ♯
FÁ♯	M / m	FÁ♯ LÁ♯ DÓ♯ / FÁ♯ LÁ DÓ♯	DÓ♯	M / m	DÓ♯ MI♯ SOL♯ / DÓ♯ MI SOL♯	FÁ	M / m	FÁ LÁ DÓ / FÁ LÁ♭ DÓ
SI♭	M / m	SI♭ RÉ FÁ / SI♭ RÉ♭ FÁ	MI♭	M / m	MI♭ SOL SI♭ / MI♭ SOL♭ SI♭	LÁ♭	M / m	LÁ♭ DÓ MI♭ / LÁ♭ DÓ♭ MI♭
RÉ♭	M / m	RÉ♭ FÁ LÁ♭ / RÉ♭ FÁ♭ LÁ♭	SOL♭	M / m	SOL♭ SI♭ RÉ♭ / SOL♭ SI♭♭ RÉ♭	DÓ♭	M / m	DÓ♭ MI♭ SOL♭ / DÓ♭ MI♭♭ SOL♭

Pratique todos os acordes do Quadro, um após outro, de DÓ a DÓ♭.

Repare que depois de tocar o acorde Maior, basta descer meio tom na sua terça (nota do meio), para formar o acorde menor.

As notas dos acordes estão escritas sucessivas, porém, devem ser tocadas simultaneamente (de uma só vez).

Observe os dois últimos exemplos SOLb e DÓb: no acorde de SOLb menor, o Slbb é um LÁ natural (são enarmônicos) e no acorde de DÓb menor, o Mlbb é um RÉ natural, também enarmônicos. Notas enarmônicas são aquelas que têm nomes diferentes, porém, com o mesmo som.

É muito importante que você estude o Quadro completo, pois vai precisar de usar todos estes acordes no decorrer do Curso. Pratique primeiro só na Mão Esquerda e depois nas duas mãos simultaneamente.

Cada um destes acordes tem duas inversões, que serão dadas posteriormente. Procure decorar todos os acordes do Quadro ao lado.

Acordes de 6ª Maior

Acordes Dissonantes

Acordes Dissonantes são todos aqueles que contêm uma ou mais notas, cujas distâncias causam dissonâncias.

Todos os acordes maiores e menores são consonantes e todos os outros são dissonantes.

Em todos os acordes maiores e menores pode-se juntar uma 6ª Maior, que é a 6ª nota da Escala a que pertencem.

A 6ª nota de DÓ é LÁ, portanto, o acorde de C ou DÓ M, passa a ser representado assim: C 6 ou DÓ M 6 = DÓ MI SOL LÁ. Os acordes de 6ª Maior podem ser feitos também nas suas três inversões.

Os acordes maiores e menores são as raízes dos acordes com 6ª Maior.

Exemplo com DÓ M e DÓ m, no Estado Fundamental:

RAIZ - DÓ M (DÓ MI SOL) com a 6ª sobreposta teremos: DÓ MI SOL LÁ
RAIZ - DÓ m (DO Mlb SOL) com a 6ª sobreposta teremos: DÓ Mlb SOL LÁ

Exemplo em LÁ Maior

Com relação a outras tonalidades, as 6ªˢ vêm acidentadas de acordo com o Tom da escala. Observe que a distância da 5ª do acorde para a 6ª é de um tom, portanto, a 6ª é sempre Maior.

Escala de LÁ Maior: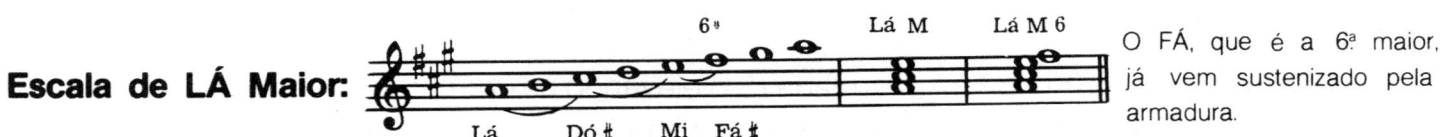

O FÁ, que é a 6ª maior, já vem sustenizado pela armadura.

Quadro dos Acordes de 6ª Maior

Estado Fundamental

Cifras		Notas do Acorde	Cifras		Notas do Acorde	Cifras		Notas do Acorde
DÓ	M	DÓ MI SOL	**SOL**	M	SOL SI RÉ	**RÉ**	M	RÉ FÁ# LÁ
	M 6	DÓ MI SOL LÁ		M 6	SOL SI RÉ MI		M 6	RÉ FÁ# LÁ SI
	m	DÓ MIb SOL		m	SOL SIb RÉ		m	RÉ FÁ LÁ
	m 6	DÓ MIb SOL LÁ		m 6	SOL SIb RÉ MI		m 6	RÉ FÁ LÁ SI
LÁ	M	LÁ DO# MI	**MI**	M	MI SOL# SI	**SI**	M	SI RÉ# FÁ#
	M 6	LÁ DO# MI FÁ#		M 6	MI SOL# SI DÓ#		M 6	SI RÉ# FÁ# SOL#
	m	LÁ DO MI		m	MI SOL SI		m	SI RÉ FÁ#
	m 6	LÁ DÓ MI FÁ#		m 6	MI SOL SI DÓ#		m 6	SI RÉ FÁ# SOL#
FÁ#	M	FÁ# LÁ# DÓ#	**DÓ#**	M	DÓ# MI# SOL#	**FÁ**	M	FÁ LÁ DÓ
	M 6	FÁ# LÁ# DÓ# RÉ#		M 6	DÓ# MI# SOL# LÁ#		M 6	FÁ LÁ DÓ RÉ
	m	FÁ# LÁ DÓ#		m	DÓ# MI SOL#		m	FÁ LÁb DÓ
	m 6	FÁ# LÁ DÓ# RÉ#		m 6	DÓ# MI SOL# LÁ#		m 6	FÁ LÁb DÓ RÉ
SIb	M	SIb RÉ FÁ	**MIb**	M	MIb SOL SIb	**LÁb**	M	LÁb DÓ MIb
	M 6	SIb RÉ FÁ SOL		M 6	MIb SOL SIb DÓ		M 6	LÁb DÓ MIb FÁ
	m	SIb RÉb FÁ		m	MIb SOLb SIb		m	LÁb DÓb MIb
	m 6	SIb RÉb FÁ SOL		m 6	MIb SOLb SIb DÓ		m 6	LÁb DÓb MIb FÁ
RÉb	M	RÉb FÁ LÁb	**SOLb**	M	SOLb SIb RÉb	**DÓb**	M	DÓb MIb SOLb
	M 6	RÉb FÁ LÁb SIb		M 6	SOLb SIb RÉb MIb		M 6	DÓb MIb SOLb LAb
	m	RÉb FÁb LÁb		m	SOLb SIbb RÉb		m	DÓb MIbb SOLb
	m 6	RÉb FÁb LÁb SIb		m 6	SOLb SIbb RÉb MIb		m 6	DÓb MIbb SOLb LÁb

Cada um destes acordes de 6ª Maior, tem 3 inversões, que serão dadas posteriormente. Procure decorar todos os acordes do quadro acima.

Acordes de 5ª Aumentada e de 5ª Diminuta

Forma-se o acorde de 5ª Aumentada (5+) elevando um semi-tom na 5ª do Acorde Maior.
Forma-se o acorde de 5ª Diminuta (5-) abaixando um semi-tom na 5ª do Acorde Menor.

Portanto, os acordes maiores são as raízes dos Acordes de 5.ª Aumentada e os acordes menores são as raízes dos acordes de 5.ª Diminuta.

Exemplo em DÓ M e DÓ m no Estado Fundamental:

RAIZ: DÓ M (DÓ MI SOL) - aumentando meio tom na 5.ª: DÓ MI SOL♯ (DÓ M 5+)
RAIZ: DÓ m (DÓ MI♭ SOL) - diminuindo meio tom na 5.ª: DÓ MI♭ SOL♭ (DÓ m 5-)

Quadro dos Acordes de 5.ªˢ Aumentadas e de 5.ªˢ Diminutas

Cifras / **Notas do Acorde**

Cifra	Tipo	Notas
DÓ	M	DÓ MI SOL
	M 5+	DÓ MI SOL♯
	m	DÓ MI♭ SOL
	m 5-	DÓ MI♭ SOL♭

Cifra	Tipo	Notas
SOL	M	SOL SI RÉ
	M 5+	SOL SI RÉ♯
	m	SOL SI♭ RÉ
	m 5-	SOL SI♭ RÉ♭

Cifra	Tipo	Notas
RÉ	M	RÉ FÁ♯ LÁ
	M 5+	RÉ FÁ♯ LÁ♯
	m	RÉ FÁ LÁ
	m 5-	RÉ FÁ LÁ♭

Cifra	Tipo	Notas
LÁ	M	LÁ DÓ♯ MI
	M 5+	LÁ DÓ♯ MI♯
	m	LÁ DÓ MI
	m 5-	LÁ DÓ MI♭

Cifra	Tipo	Notas
MI	M	MI SOL♯ SI
	M 5+	MI SOL♯ SI♯
	m	MI SOL SI
	m 5-	MI SOL SI♭

Cifra	Tipo	Notas
SI	M	SI RÉ♯ FÁ♯
	M 5+	SI RÉ♯ FÁ𝄪
	m	SI RÉ FÁ♯
	m 5-	SI RÉ FÁ

Cifra	Tipo	Notas
FÁ♯	M	FÁ♯ LÁ♯ DÓ♯
	M 5+	FÁ♯ LÁ♯ DÓ𝄪
	m	FÁ♯ LÁ DÓ♯
	m 5-	FÁ♯ LÁ DÓ

Cifra	Tipo	Notas
DÓ♯	M	DÓ♯ MI♯ SOL♯
	M 5+	DÓ♯ MI♯ SOL𝄪
	m	DÓ♯ MI SOL♯
	m 5-	DÓ♯ MI SOL

Cifra	Tipo	Notas
FÁ	M	FÁ LÁ DÓ
	M 5+	FÁ LÁ DÓ♯
	m	FÁ LÁ♭ DÓ
	m 5-	FÁ LÁ♭ DÓ♭

Cifra	Tipo	Notas
SI♭	M	SI♭ RÉ FÁ
	M 5+	SI♭ RÉ FÁ♯
	m	SI♭ RÉ♭ FÁ
	m 5-	SI♭ RÉ♭ FÁ♭

Cifra	Tipo	Notas
MI♭	M	MI♭ SOL SI♭
	M 5+	MI♭ SOL SI
	m	MI♭ SOL♭ SI♭
	m 5-	MI♭ SOL♭ SI♭♭

Cifra	Tipo	Notas
LÁ♭	M	LÁ♭ DÓ MI♭
	M 5+	LÁ♭ DÓ MI
	m	LÁ♭ DÓ♭ MI♭
	m 5-	LÁ♭ DÓ♭ MI♭♭

Cifra	Tipo	Notas
RÉ♭	M	RÉ♭ FÁ LÁ♭
	M 5+	RÉ♭ FÁ LÁ
	m	RÉ♭ FÁ♭ LÁ♭
	m 5-	RÉ♭ FÁ♭ LÁ♭♭

Cifra	Tipo	Notas
SOL♭	M	SOL♭ SI♭ RÉ♭
	M 5+	SOL♭ SI♭ RÉ
	m	SOL♭ SI♭♭ RÉ♭
	m 5-	SOL♭ SI♭♭ RÉ♭♭

Cifra	Tipo	Notas
DÓ♭	M	DÓ♭ MI♭ SOL♭
	M 5+	DÓ♭ MI♭ SOL
	m	DÓ♭ MI♭♭ SOL♭
	m 5-	DÓ♭ MI♭♭ SOL♭♭

Cada um destes acordes de 5+ ou 5-, tem duas inversões, que serão dadas posteriormente. Procure decorar os acordes do quadro acima.

Acordes de 7ª (Sétima)

Estado Fundamental

Os acordes de Sétima são todos formados tendo como raízes os acordes Maiores, Menores, Quinta Aumentada, Quinta Diminuta e de Sextas, já estudados. Sobre estes acordes sobrepõem-se uma terça para formar os acordes de Sétimas.

O intervalo entre esta terça sobreposta e a primeira nota do acorde, que neste caso é DÓ, é que irá determinar a espécie do acorde: Sétima Maior, Sétima da Dominante, Sétima Diminuta e outros. Exemplos em DÓ:

RAIZ: DÓ M - (DÓ MI SOL) - Sobrepondo uma terça menor, teremos:
DÓ MI SOL SI♭ (DÓ 7 ou C 7)
RAIZ: DÓ M - (DÓ MI SOL) - Sobrepondo uma terça maior, teremos:
DÓ MI SOL SI - (DÓ 7 M ou C 7 M)

Três Acordes de 7ª mais usados

Na Música Popular, são estes os três acordes de 7ª mais usados:

DÓ 7 M _____ C 7 M _____ Acorde de Sétima Maior.
DÓ 7 _____ C 7 _____ Acorde de Sétima da Dominante.
DÓ 7 dm _____ C dm ou C° _____ Acorde de Sétima Diminuta.

Maneira Prática de Encontrá-los

O exercício seguinte foi idealizado para encontrar com facilidade os 3 acordes principais de 7ª. Primeiro toca-se o DÓ e sua oitava e depois desce o SI de meio em meio tom, formando os intervalos de 7ª (SI, SI♭, SI♭♭).

Passeando no Teclado com as 7.ᵃˢ

Sétimas sobre a nota DÓ

Repare que as raízes destes 3 acordes é DÓ MI SOL e atenção nos acidentes para construir as 7.ᵃˢ Observe que no acorde de Sétima Diminuta, abaixou-se meio tom na 3ª e na 5ª. Na 7ª foi abaixado um tom.

Quadro dos Acordes de 7.ªˢ

Cifras		Notas do Acorde
DÓ	M	DÓ MI SOL DÓ
	7 M	DÓ MI SOL SI
	7	DÓ MI SOL SI♭
	7 dm	DÓ MI♭ SOL♭ SI♭♭

Cifras		Notas do Acorde
SOL	M	SOL SI RÉ SOL
	7 M	SOL SI RÉ FÁ♯
	7	SOL SI RÉ FÁ
	7 dm	SOL SI♭ RÉ♭ FÁ♭

Cifras		Notas do Acorde
RÉ	M	RÉ FÁ♯ LÁ RÉ
	7 M	RÉ FÁ♯ LÁ DÓ♯
	7	RÉ FÁ♯ LÁ DÓ
	7 dm	RÉ FÁ LÁ♭ DÓ♭

Cifras		Notas do Acorde
LÁ	M	LÁ DÓ♯ MI LÁ
	7 M	LÁ DÓ♯ MI SOL♯
	7	LÁ DÓ♯ MI SOL
	7 dm	LÁ DÓ MI♭ SOL♭

Cifras		Notas do Acorde
MI	M	MI SOL♯ SI MI
	7 M	MI SOL♯ SI RÉ♯
	7	MI SOL♯ SI RÉ
	7 dm	MI SOL SI♭ RÉ♭

Cifras		Notas do Acorde
SI	M	SI RÉ♯ FÁ♯ SI
	7 M	SI RÉ♯ FÁ♯ LÁ♯
	7	SI RÉ♯ FÁ♯ LÁ
	7 dm	SI RÉ FÁ LÁ♭

Cifras		Notas do Acorde
FÁ♯	M	FÁ♯ LÁ♯ DÓ♯ FÁ♯
	7 M	FÁ♯ LÁ♯ DÓ♯ MI♯
	7	FÁ♯ LÁ♯ DÓ♯ MI
	7 dm	FÁ♯ LÁ DÓ MI♭

Cifras		Notas do Acorde
DÓ♯	M	DÓ♯ MI♯ SOL♯ DÓ♯
	7 M	DÓ♯ MI♯ SOL♯ SI♯
	7	DÓ♯ MI♯ SOL♯ SI
	7 dm	DÓ♯ MI SOL SI♭

Cifras		Notas do Acorde
FÁ	M	FÁ LÁ DÓ FÁ
	7 M	FÁ LÁ DÓ MI
	7	FÁ LÁ DÓ MI♭
	7 dm	FÁ LÁ♭ DÓ♭ MI♭♭

Cifras		Notas do Acorde
SI♭	M	SI♭ RÉ FÁ SI♭
	7 M	SI♭ RÉ FÁ LÁ
	7	SI♭ RÉ FÁ LÁ♭
	7 dm	SI♭ RÉ♭ FÁ♭ LÁ♭♭

Cifras		Notas do Acorde
MI♭	M	MI♭ SOL SI♭ MI♭
	7 M	MI♭ SOL SI♭ RÉ
	7	MI♭ SOL SI♭ RÉ♭
	7 dm	MI♭ SOL♭ SI♭♭ RÉ♭♭

Cifras		Notas do Acorde
LÁ♭	M	LÁ♭ DÓ MI♭ LÁ♭
	7 M	LÁ♭ DÓ MI♭ SOL
	7	LÁ♭ DÓ MI♭ SOL♭
	7 dm	LÁ♭ DÓ♭ MI♭♭ SOL♭♭

Cifras		Notas do Acorde
RÉ♭	M	RÉ♭ FÁ LÁ♭ RÉ♭
	7 M	RÉ♭ FÁ LÁ♭ DÓ
	7	RÉ♭ FÁ LÁ♭ DÓ♭
	7 dm	RÉ♭ FÁ♭ LÁ♭♭ DÓ♭♭

Cifras		Notas do Acorde
SOL♭	M	SOL♭ SI♭ RÉ♭ SOL♭
	7 M	SOL♭ SI♭ RÉ♭ FÁ
	7	SOL♭ SI♭ RÉ♭ FÁ♭
	7 dm	SOL♭ SI♭♭ RÉ♭♭ FÁ♭♭

Cada um destes acordes de 7.ª tem 3 inversões, que serão dadas posteriormente. Procure decorar todos os acordes do quadro acima.

Acorde menor com 7.ª menor

Este acorde tem a 7.ª menor igual ao DÓ 7 ou C 7, porém, é formado sobre o acorde de DÓ m: DÓ MIb SOL (a 3.ª é menor). Cifra-se da seguinte maneira: DÓ m 7 ou C m 7.

Ex. DÓ MIb SOL SIb

Outros Acordes de 7.ª

Como já dissemos, pode-se formar também outros acordes de 7.ª sobre os acordes M, m, 5+, 5- e 6.ª, apenas sobrepondo-lhes a 7.ª. Exemplos em DÓ:

Cifragem	Raiz	Com a 7.ª	Posições mais usadas
DÓ 7 5+ ou C 7 5+	DÓ MI SOL#	DO MI SOL# SIb	SIb DÓ MI SOL#
DÓ m 7 5- ou C m 7 5-	DÓ MIb SOLb	DÓ MIb SOLb SIb	
DÓ 7 6 ou C 7 6	DÓ MI SOL LÁ	DÓ MI SOL LÁ SIb	DÓ SOL SIb MI LÁ
DÓ 7 4 ou C 7 4	DÓ FÁ SOL	DÓ FÁ SOL SIb	DÓ SOL SIb FÁ

Na prática, alguns destes acordes são usados nas posições indicadas.

Acorde de 9.ª Maior e Menor

No Estado Fundamental
Exemplo em DÓ

Para se formar o acorde de 9.ª Maior e 9.ª Menor da Dominante, basta sobrepor uma terça no acorde de 7.ª da Dominante (DÓ 7 ou C 7).

O intervalo entre esta terça sobreposta e a primeira nota do acorde, que neste caso é DÓ, é que irá determinar a espécie do acorde: DÓ 9 e DÓ 9- (C 9 e C 9-).

RAIZ - DÓ 7 (DÓ MI SOL SIb) sobrepondo uma terça maior: DÓ MI SOL SIb RÉ (DÓ 9 ou C 9).
RAIZ - DÓ 7 (DÓ MI SOL SIb) sobrepondo uma terça menor: DÓ MI SOL SIb RÉb (DÓ 9- ou C 9-).

DÓ 9 (9ª Maior)

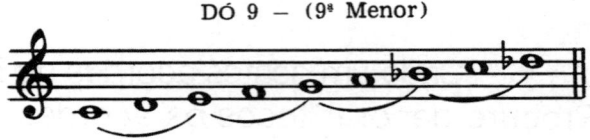

DÓ 9 — (9ª Menor)

Acorde de 11ª Maior e 11ª Aumentada

Sobrepondo uma terça no acorde de 9ª, teremos o acorde de 11ª

Raiz: DÓ 9 (DÓ MI SOL SIb RÉ) sobrepondo uma terça menor, teremos:

DÓ MI SOL SIb RÉ FÁ - DÓ 11 ou C 11

Raiz: DÓ 9 (DÓ MI SOL SIb RÉ) sobrepondo uma terça maior, teremos:

DÓ MI SOL SIb RÉ FÁ# - DÓ 11+ OU C 11+ (C 11 aumentada)

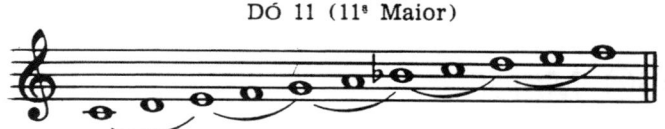
Dó 11 (11ª Maior)

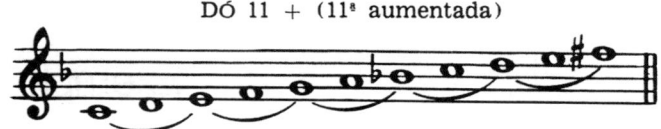
Dó 11 + (11ª aumentada)

Acorde de 13ª Maior

Sobrepondo uma terça no acorde de 11ª, teremos o acorde de 13ª.

Raiz: DÓ 11 (DÓ MI SOL SIb RÉ FÁ) sobrepondo uma terça maior, teremos:

DÓ MI SOL SIb RÉ FÁ LÁ - DÓ 13 ou C 13

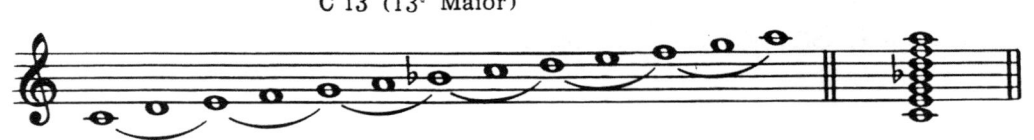
C 13 (13ª Maior)

Sem o FÁ

A posição acima é pouco usada por causa da dissonância entre o MI e o FÁ. Usa-se mais retirando o FÁ:

DÓ MI SOL SIb RÉ — LÁ

Nota: Como podem ver, seria impossível, num álbum como este, com 120 músicas e um Curso de Piano Popular, ampliar as regras de Teoria Musical aqui apresentadas. Procurei ser breve, dando apenas ligeiras explicações para que possam compreender os Quadros de Acordes. Por isso aconselho receberem as aulas de Teoria Musical e Solfejo à parte, isto é, com um professor especializado na matéria.

Encadeamento de Acordes

Por Cifras

Vamos praticar alguns encadeamentos de acordes para harmonizar uma Melodia. Logicamente que esta progressão de acordes depende de como seja esta Melodia. Geralmente ela já vem cifrada, e quando não trouxer as cifras, você procura, pela Harmonia, quais os acordes que devem ser empregados.

Caso você não conheça música, então o remédio é experimentar de ouvido, quais os acordes que mais se ajustem ou soem melhor.

Procure descobrir, primeiramente, se a Melodia está em Tom Maior ou Menor. Geralmente, nas melodias simples, são empregados os quatro acordes básicos de cada tom, que seguem abaixo.

Vejamos agora o encadeamento mais simples e mais usado na Música Popular.

Exemplo em DÓ Maior

- **1º Acorde** - DÓ M ou C (DÓ MI SOL). É o acorde da Tônica, que na linguagem popular chamamos de: Primeira do Tom.
- **2º Acorde** - SOL 7 ou G7 (SOL SI RÉ FA). É o acorde de 7.ª da Dominante, formado do V grau (Dominante) da Escala. É chamado: Segunda do Tom.
- **3º Acorde** - FÁ M ou F (FÁ LÁ DÓ) — Formado do IV graù (Subdominante) e que se denomina: Terceira do Tom.
- **4º Acorde** - DÓ 7 ou C7 (DÓ MI SOL SI♭). Acorde de 7.ª da Dominante construído sobre a Tônica de DÓ. Ele prepara para modular para a Terceira do Tom. Por isso é chamado: Acorde de Preparação.

Para se reconhecer se o Tom é Maior ou Menor, com mais esclarecimentos, recorra ao Curso Completo de Teoria Musical e Solfejo de Belmira Cardoso e Mário Mascarenhas, 1.º Volume, página 159.

Encadeamento Simples com duas Variantes

Em DÓ Maior

Toca-se primeiramente todo o encadeamento simples e depois com as duas variantes, obedecendo, naturalmente, a ordem e a direção das setas pontilhadas.

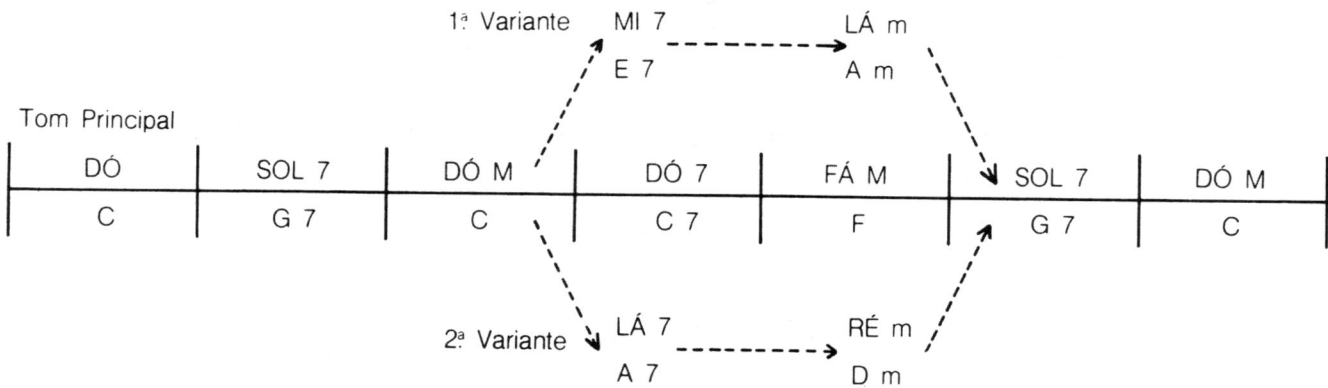

Repare que as modulações, mudança de um tom para outro, são feitas sempre com o acorde de Sétima da Dominante do tom para o qual se deseja modular. Para finalizar a cadência, volta-se ao Acorde de Sétima da Dominante do Tom Principal e termina-se com a Tônica deste mesmo Tom.

Círculo das Quintas

A progressão mais comum na Música Popular é o Círculo das Quintas, onde todos os acordes se encadeiam em ordem de Quintas Justas descendentes.

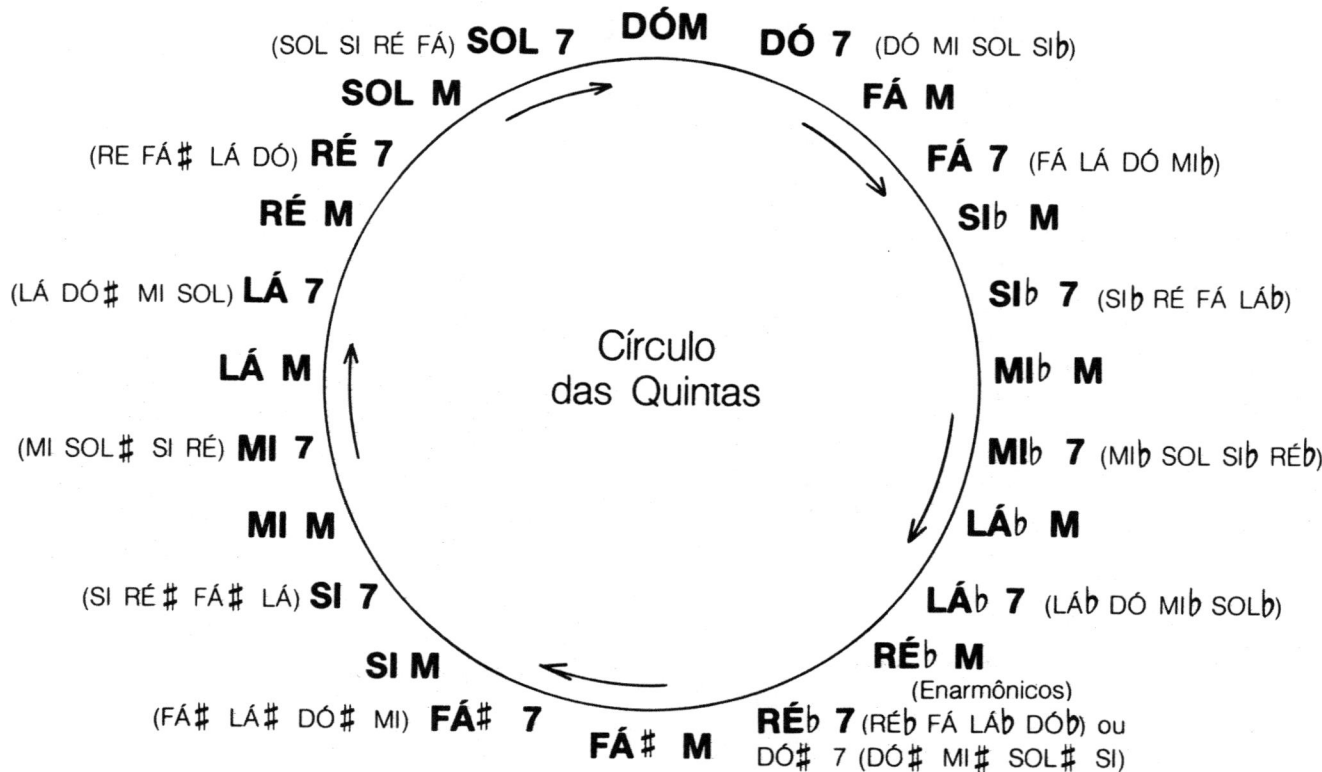

Do RÉb 7 em diante, fazemos as 5.as enarmônicas FÁ# M ou SOLb M, etc.

Se você praticar todos estes acordes ao piano, obedecendo as setas, estará pronto para vencer a "Barreira dos Sons", que é a percepção completa de todos os tons.

Repare que você vai partir de DÓ M, DÓ 7, FÁ M, etc e vai cair novamente em DÓ M.

Inversões de Acordes

O acorde está no Estado Fundamental, quando a nota que dá origem ao acorde está no baixo.

Pode-se inverter os acordes da seguinte maneira.

Exemplo em DÓ Maior

Estado Fundamental: DÓ MI SOL o DÓ, que é a Fundamental, está no baixo.
1ª inversão_____ MI SOL DÓ a 3ª do acorde está no baixo.
2ª inversão_____ SOL DÓ MI a 5ª do acorde está no baixo.

Ordem Indireta e Posição Afastada

Observe que os acordes acima estão na Ordem Direta e Posição Unida, porém, podem ser feitos na Ordem Indireta e Posição Afastada.

Inversões de Acordes de 4 Sons

Os acordes de 4 sons têm 3 inversões

Exemplo DÓ 7 ou C 7

Recordando Acordes

Antes de executar os acordes abaixo, será necessário que você faça uma revisão completa de todos os acordes estudados.

Toque-os todos como se fossem um passatempo agradável e ao mesmo tempo você estará educando o seu ouvido.

Os acordes M, m, 5ª, 6ª e 7ª são tocados com a Mão Esquerda. Dos acordes de 9ª em diante são completados com a Mão Direita, isto é, os que têm mais de 4 notas.

Cifragem		Execução
DÓ M	C	DÓ MI SOL
DÓ M 5+	C 5+	DÓ MI SOL♯
DÓ m	C m	DÓ MI♭ SOL
DÓ m 5-	C m 5-	DÓ MI♭ SOL♭
DÓ M 6	C 6	DÓ MI SOL LÁ
DÓ m 6	C m 6	DÓ MI♭ SOL LÁ
DÓ 7 M 6	C 7 M 6	DÓ MI SOL LÁ SI
DÓ 7	C 7	DÓ MI SOL SI♭ (7ª da Dominante) 3ª maior.
DÓ 7 dm	C 7 dm	DÓ MI♭ SOL♭ SI♭♭
DÓ m 7	C m 7	DÓ MI♭ SOL SI♭ (7ª menor) 3ª menor
DÓ 7 5+	C 7 5+	DÓ MI SOL♯ SI♭ inversão mais usada SI♭ DÓ MI SOL♯
DÓ 7 5-	C 7 5-	DÓ MI SOL♭ SI♭
DÓ 7 6	C 7 6	DÓ MI SOL LÁ SI♭ inversão mais usada DÓ SOL SI♭ MI LÁ
DÓ m 7 5-	C m 7 5-	DÓ MI♭ SOL♭ SI♭
DÓ 7 4	C 7 4	DÓ FÁ SOL SI♭ inversão mais usada DÓ SOL SI♭ FÁ
DÓ 9	C 9	DÓ MI SOL SI♭ RÉ
DÓ 9-	C 9-	DÓ MI SOL SI♭ RÉ♭
DÓ 9 6	C 9 6	DÓ MI SOL LÁ SI♭ RÉ inversão mais usada DÓ MI SOL SI♭ RÉ LÁ
DÓ m 9	C m 9	DÓ MI♭ SOL SI♭ RÉ
DÓ m 9 5-	C m 9 5-	DÓ MI♭ SOL♭ SI♭ RÉ
DÓ 9 5+	C 9 5+	DÓ MI SOL♯ SI♭ RÉ
DÓ 7 M 9	C 7 M 9	DÓ MI SOL SI RÉ
DÓ 11	C 11	DÓ MI SOL SI♭ RÉ FÁ
DÓ 11+	C 11+	DÓ MI SOL SI♭ RÉ FÁ♯
DÓ 13	C 13	DÓ MI SOL SI♭ RÉ FÁ LÁ pouco usada
DÓ 13	C 13	DÓ MI SOL SI♭ RÉ LÁ mais usada (sem o FÁ)
DÓ 13 9-	C 13 9-	DÓ MI SOL SI♭ RÉ♭ LÁ mais usada (sem o FÁ)

Transporte este quadro em outros tons, com atenção na armadura de Clave de cada escala, observando os acidentes, para quando abaixar ou elevar as terças sobrepostas, não ocasionar erros na formação dos acordes.

Baixos Alternados

Ritmo para Principiantes

Baixos Alternados - é uma forma de acompanhamento criado por Mário Mascarenhas, com a finalidade apenas de ajudar o Principiante a acompanhar qualquer gênero de música, tendo em vista que no momento ele não pode tocar arranjos difíceis.

Este processo é uma imitação do Ritmo da Bateria, fazendo um jogo na Mão Esquerda, intercalando os acordes com os Baixos alternados. Este jogo sendo bem praticado e bem seguro, permite ao executante acompanhar na Mão Esquerda qualquer gênero de música.

Por ser este movimento sempre igual, o chamaremos de "Bateria Constante", pois, ao executá-lo, ele terá a impressão de estar sendo guiado pelo ritmo da Bateria.

O Principiante basta apenas ler e tocar as notas simples da melodia e fazer o ritmo na Mão Esquerda de "Bateria Constante" (Baixos Alternados), mudando os acordes de acordo com a Cifragem.

Lógico, que este processo não se compara com os arranjos mais ricos de dissonâncias, contracantos, floreios, décimas, etc, mas proporciona ao iniciante tocar logo a música que mais lhe agrada e interessa.

Como executar os Baixos Alternados

Exemplo em DÓ Maior
Estado Fundamental

1º) Primeiramente, prepara-se na Mão Esquerda, o acorde de DÓ M no teclado: DÓ MI SOL DÓ.
2º) A primeira nota do acorde, DÓ, que é a Fundamental, chamaremos de Baixo.
3º) A segunda nota do acorde, MI, a 3ª do acorde, chamaremos de Câmbio.
4º) A terceira e quarta notas, SOL - DÓ, tocadas juntas, são o restante das notas do acorde, chamam-se SACK.

Os Baixos Alternados podem ser tocados também nas inversões.

Baixos Alternados em Acordes de 7ª (SOL 7)

Na 2ª inversão usa-se muito o SOL no Câmbio

Pratique os Baixos Alternados em todos os tons: SOL M, Sib M, MI M, etc

Ritmos Diversos com Baixos Alternados
(Bateria Constante)
Ritmo de Marcha

O ritmo acima serve também para Corrido, Quadrilha e Xotes

Ritmo de Marcha Rancho

Ritmo de Baião

Ritmo de Valsa

Ritmo de Bolero

Ritmo de Beguine

Ritmo de Guarânia

Ritmo de Polca Paraguaia

Ritmo de Mambo

Ritmo de Boogie Woogie

Baixos com Décimas

Muitas vezes você irá notar que os Baixos em oitavas são pobres e vazios, mas se tocar os Baixos em Décimas, irá verificar que ficarão mais cheios e coloridos.

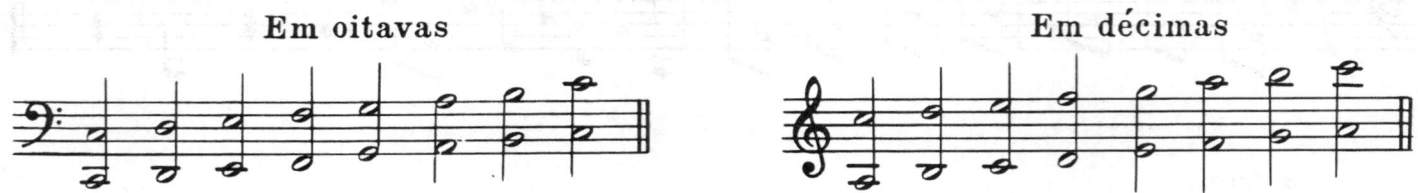

Se o baixo é DÓ, por exemplo, procure a sua 3.ª (MI). Ao invés de tocar a oitava de DÓ, toca-se somente o DÓ grave e sua 3.ª uma oitava acima. Este intervalo entre o DÓ e o MI oitavado é um Intervalo de Décima.

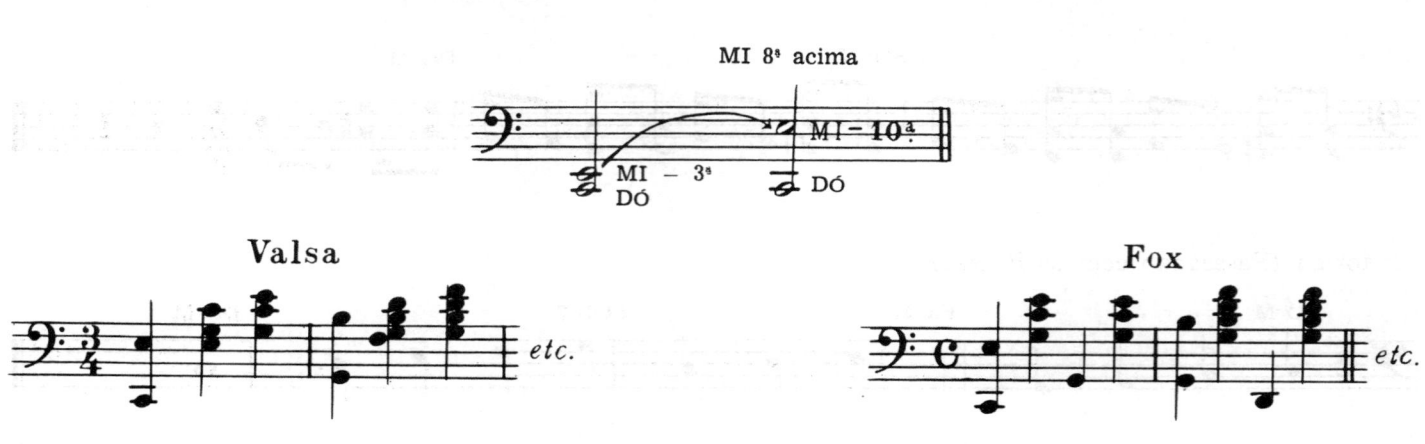

Como Tocar o Samba

O famoso e imprescindível Sack (Saque)

Nada se poderá fazer na Música Popular Brasileira, sem o famoso e imprescindível Sack. Nele está o segredo do Ritmo.

Com ele faremos os mais fáceis e os mais difíceis ritmos, quando o dominamos completamente.

O Sack nada mais é do que grupos de duas ou mais notas que se intercalam entre a melodia e os baixos, permitindo executar ritmos sincopados, ocasionando a constante Polirritmia, que caracteriza a Música Popular Brasileira.

Geralmente, quando há Sack na mão direita, ele é feito quase sempre com o 1º, 2º e 3º dedos e a melodia com o 4º e 5º dedos.

Seguem abaixo alguns exercícios para a percepção perfeita do Sack, os quais devem ser praticados com muita atenção e calma.

Modelo 1

Sack na Mão Direita

Sack na mão direita em contratempo com os Baixos.
Começaremos praticando os Sacks em ritmo de Marcha, para facilitar o ritmo do Samba.

Marcha

Modelo 2

Sack só na Mão Esquerda

O Sack da mão direita do Modelo 1, passa para a mão esquerda, alternando com os baixos (Baixos Alternados).

Marcha

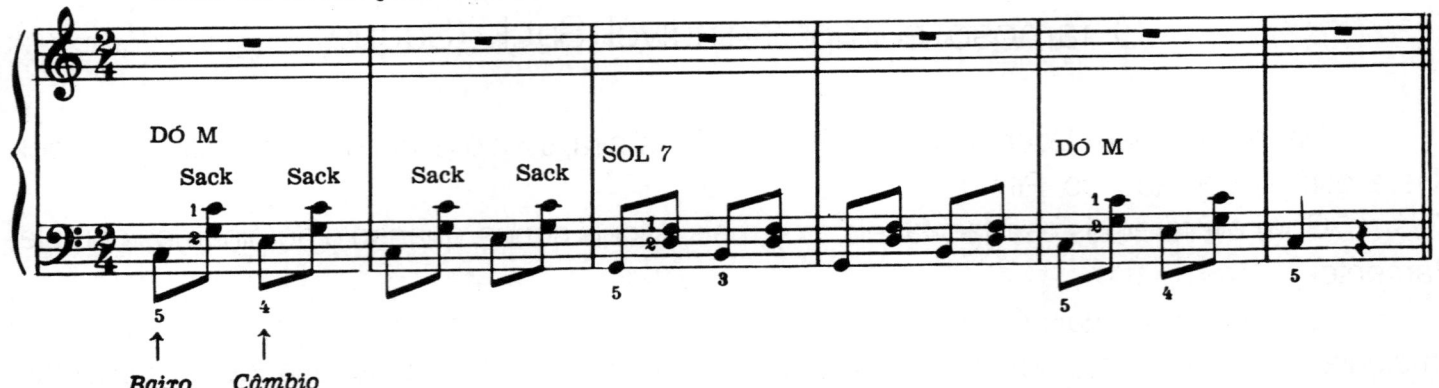

Modelo 3

Melodia e Sack na direita e Baixos na esquerda

Marcha

Os Sacks desencontram dos Baixos, o que chamamos de Contratempo.

Repare como se usa o 3º, 4º e 5º dedos para a melodia e o 1º e 2º para o Sack. Cada nota da melodia deve permanecer presa durante todo o compasso, enquanto os Sacks vão formando o ritmo com os Baixos.

Comece desde já a tocar as notas da melodia bem claras e nítidas e não bater os Sacks com força; eles devem ser leves, destacados e suaves para não abafar a melodia. Já é uma coordenação muito importante, pois você terá que pensar na Melodia, nos Sacks e nos Baixos ao mesmo tempo.

Modelo 4
Samba Canção

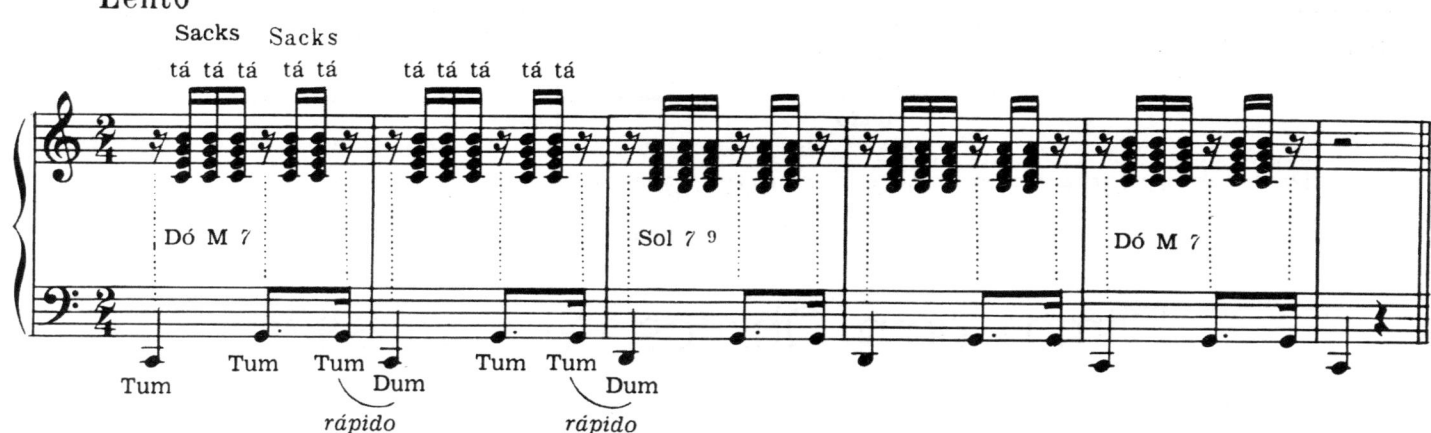

É de grande importância observar as linhas pontilhadas, indicando que os três baixos de cada compasso são tocados sozinhos.

Atenção: no primeiro compasso, a última nota do Baixo, Sol, é tocada rapidamente para ligar-se à primeira nota do compasso seguinte.

Pequenas dissonâncias do modelo acima

Para começar a enriquecer os acordes na Música Popular Brasileira, ao invés de colocar DÓ M puro (DÓ MI SOL), acrescentamos uma 7ª maior para dar mais colorido no acorde, ficando DÓ MI SOL SI.

Também colocamos uma 9ª sobre o acorde de SOL 7 (SOL SI RÉ FÁ), para enriquecê-lo, ficando SOL SI RÉ FÁ LÁ.

Toque todos os modelos que se seguem corretamente, porque, se mal tocados, ao invés de Samba vira Valsa.

Ritmo na Mesa

Pratique o mesmo modelo na mesa, para ir conseguindo aos poucos a coordenação motora, que é a independência das mãos.

Bate-se o ritmo na mesa com as palmas das mãos ou com os dedos, sem usar os polegares.

A mão esquerda bate os baixos (TUM TUM TUM DUM) e a mão direita os acordes (tátátá e tátá). Observe que quando se executa o DUM, ele já é o primeiro tempo do segundo compasso e será sempre o primeiro tempo dos compassos seguintes.

Vide exercício na próxima página.

Batida na Mesa

Pratique lentamente primeiro, e depois apresse pouco a pouco.
Bate-se Lento para o Samba-Canção e Rápido para o Samba.

Ritmos com Objetos de Percussão

(Batendo na Mesa)

Experimente fazer a batida com o mesmo modelo, usando objetos de preferência de metal, como apontador de lápis, isqueiro, régua, caneta, etc.
Estes são os instrumentos pobres, porém, ricos de ritmo.
Com a mão esquerda bata com o isqueiro, que tem o som mais grave e com a direita o apontador de lápis, que tem o som mais agudo.

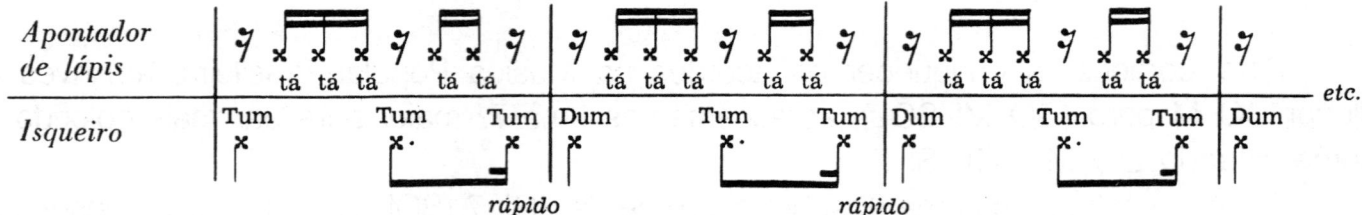

Também pode-se bater este ritmo usando: colheres, pratos, panelas, caçarolas, etc.

Ritmo com Prosódia

(Batendo na Mesa)

Para se obter qualquer objetivo, temos que lutar e tudo que fizermos para atingí-lo é válido.
Primeiro pronuncie fluentemente esta frase, sem parar, diversas vezes: É aqui Senhor aqui Senhor aqui Senhor aqui Senhor etc.

Repare que o É de "É aqui Senhor", só se pronuncia no princípio da frase. Não pare de falar fluentemente e bater na mesa ao mesmo tempo. Você vai encaixar a sua voz nas batidas das mãos na mesa e não as batidas na sua voz; se não, você perde o ritmo.

Ritmo na Caixa de Fósforos

Muitas vezes você deve ter visto alguém bater o ritmo numa caixa de fósforos. Este pequeno e gracioso instrumento já é famoso e muito querido na "Roda do Samba", e, constantemente, é apresentado em filmes, televisão, em programas com cenas típicas de nossa música.

E por ser tão pequenino e popular, é, sem dúvida, muito apreciado quando manejado com elegância, bossa, graça e mestria.

Deve ser tocado com alguns fósforos dentro da caixa, deixando-a um pouco entreaberta para melhor saída do som, que é produzido não só pelo bater dos fósforos, como também pela ressonância da própria caixa, quando tocada pelos dedos do executante.

Maneira de segurar a caixa

Segura-se com a mão esquerda, colocando os dedos nos dois lados da caixa onde se risca o fósforo, fazendo uma pequena pressão para que a parte de dentro onde estão os fósforos não saia. Um lado é seguro com o Polegar Esquerdo e o outro com os 2º, 3º e 4º dedos.

Há duas maneiras de tocá-la

1.ª) Toca-se o Tum tum tum dum, com o polegar da mão direita e o tá tá tá e o tá tá com o 2º e 3º dedos juntos.

2.ª) Segurada a caixa com a mão esquerda, execute este exercício rítmico com a mão direita, obedecendo o novo dedilhado.

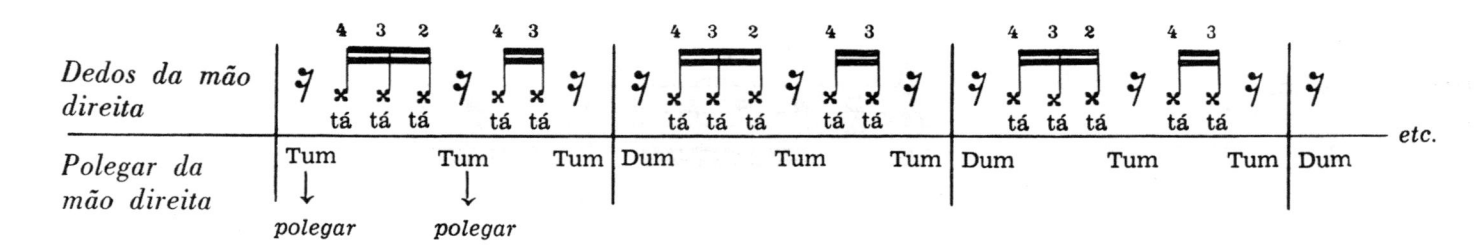

Dedos da mão direita	4 3 2 / 4 3 / tá tá tá / tá tá	4 3 2 / 4 3 / tá tá tá / tá tá	4 3 2 / 4 3 / tá tá tá / tá tá	
Polegar da mão direita	Tum ↓ polegar / Tum ↓ polegar / Tum	Dum / Tum / Tum	Dum / Tum / Tum	Dum — etc.

Faça os gestos com graça e elegância, movimentando os braços, como se estivesse tocando um pandeiro. Igualmente pode-se tocar este exercício num chapéu de palha.

Como vê, esta é uma pequena homenagem à Caixinha de Fósforos, um pequeno poema para ela, pois tudo é ritmo, tudo é Brasil!

Ritmo Sincopado

(Característica do Samba)

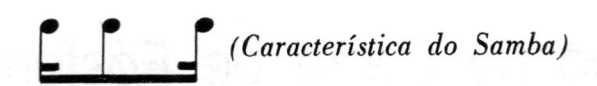

Nesta subdivisão de um tempo de Compasso Binário (2/4), que nada mais é do que um grupo de três notas, está a origem e a base que mais caracterizam o ritmo de nosso Samba.

Uma infinidade de ritmos poderão ser criados com este desenho rítmico, mas você precisa sentir perfeitamente o valor exato de cada figura que o compõe.

Uma vez que seu ouvido esteja bem educado nesta extraordinária característica do Samba, tudo será fácil. Vejamos, então, a origem desta subdivisão de um tempo de compasso:

Unidade de Compasso
Uma mínima preenche um compasso.

Unidade de Tempo
Uma semínima vale 1 tempo.

Partes de Tempo
Uma colcheia vale 1/2 tempo
Duas colcheias preenchem 1 tempo

Partes de Tempo
Cada semicolcheia vale 1/4 de tempo
Quadro semicolcheias valem 1 tempo

Partes de Tempo
Ligaremos agora as 2ª e 3ª semicolcheias de cada grupo.

Colocando uma colcheia no lugar das duas semicolcheias ligadas teremos o Ritmo Sincopado

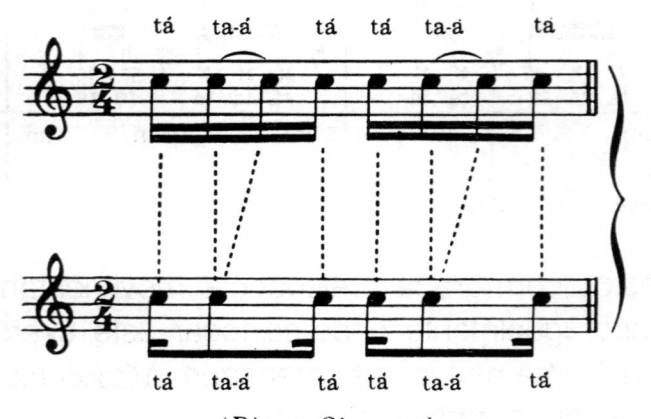

Ritmos idênticos com grafias diferentes

(Ritmo Sincopado, característica do Samba)

Modelo 5

Ritmo Sincopado no 1º tempo de cada compasso

Modelo 6

Ritmo Sincopado no 2º tempo de cada compasso

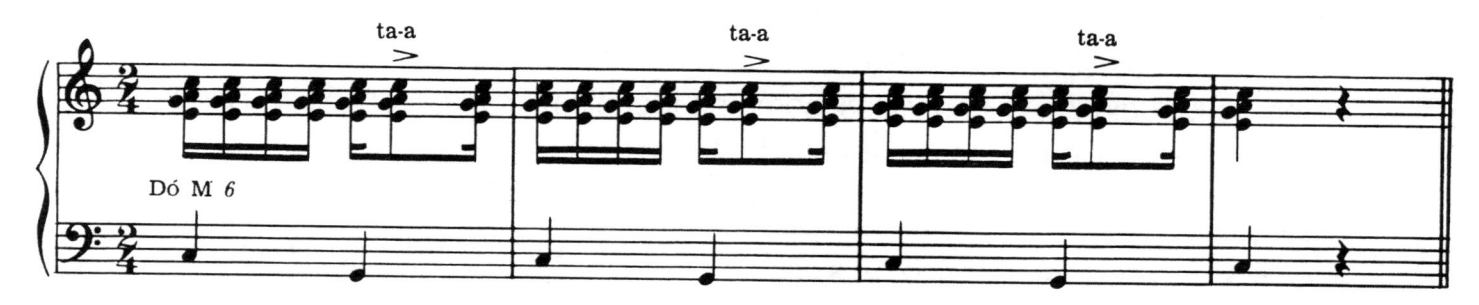

Modelo 7

Ritmo Sincopado no meio de cada compasso

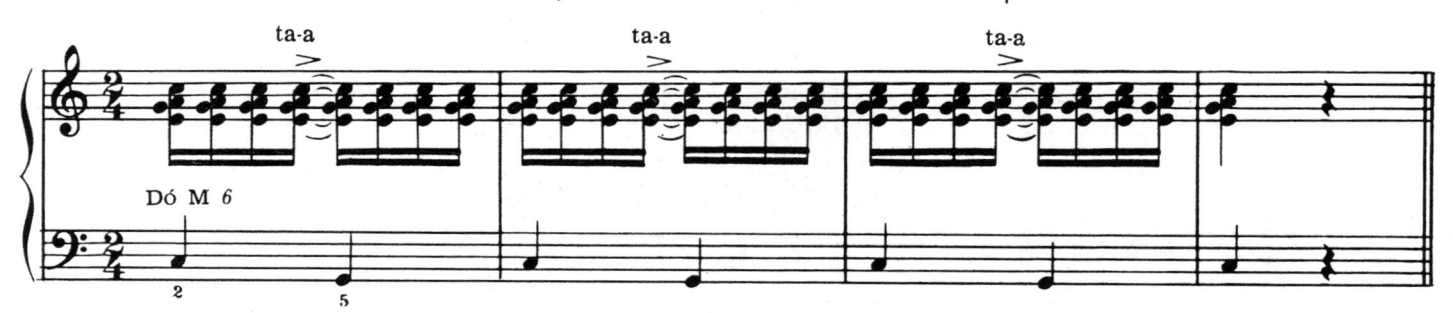

Modelo 8

Ritmo Sincopado no 1º e no 2º tempo de cada compasso

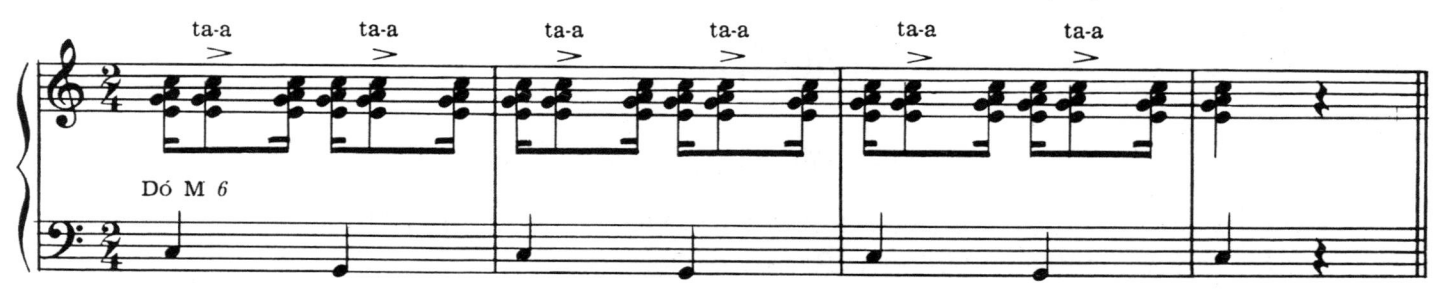

Modelo 9

Ritmos sincopados ligados, passando de um compasso para outro.

Grafia Moderna

Modernamente, muitos compositores de Samba estão usando uma nova grafia para representar dois ritmos sincopados ligados. Esta ligadura às vezes acontece no meio do compasso, como no Modelo 7 e outras vezes, como no Modelo 9 acima, onde o ritmo sincopado do 2º tempo está ligado a outro no 1º tempo do compasso seguinte.

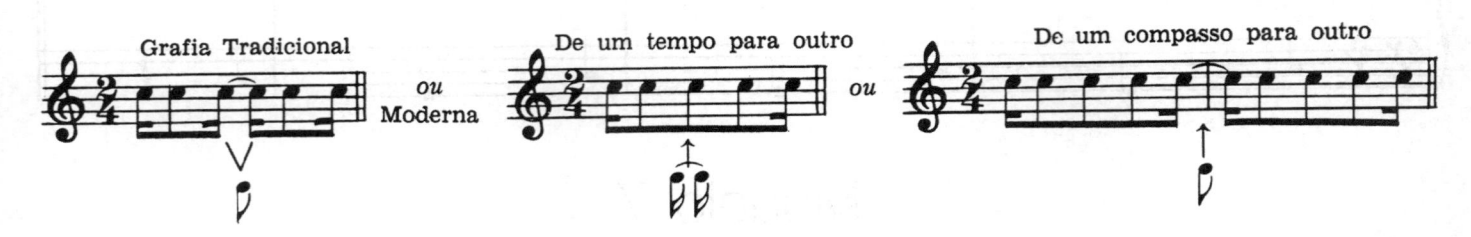

Modelo 10

Ritmo sincopado com notas e pausas.

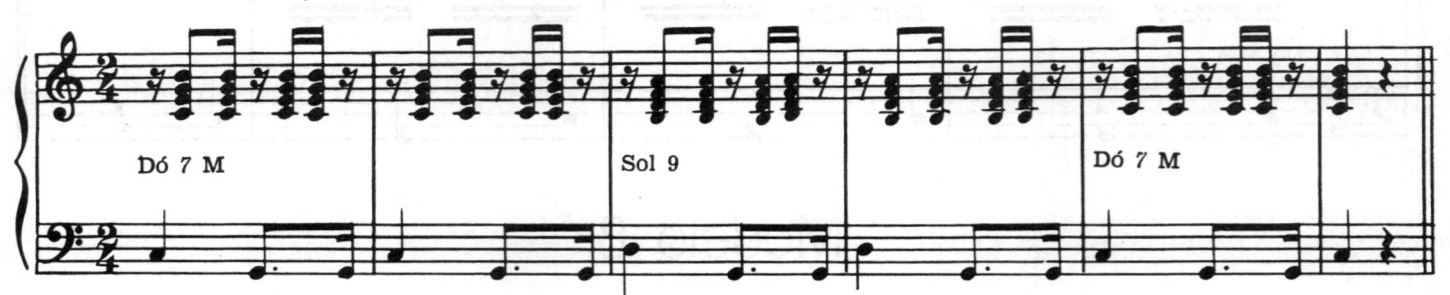

Modelo 11

Pequena Introdução ao Samba

No pequeno exemplo na página seguinte, pela primeira vez começaremos a praticar a coordenação motora entre a Melodia, Sacks e Baixos.

Melodia, Sacks e Baixos

Os Sacks devem ser leves e secos para não abafarem a Melodia.

Modelo 12

Mesmo Ritmo com Baixos Alternados

Os Sacks da Mão Direita do Modelo 11 passam para a Mão Esquerda, intercalando com os Baixos e o Câmbio. Este é o Sistema de Baixos Alternados, para ser empregado no acompanhamento dos iniciantes.

Diversos Ritmos Básicos do Samba

Modelo 13

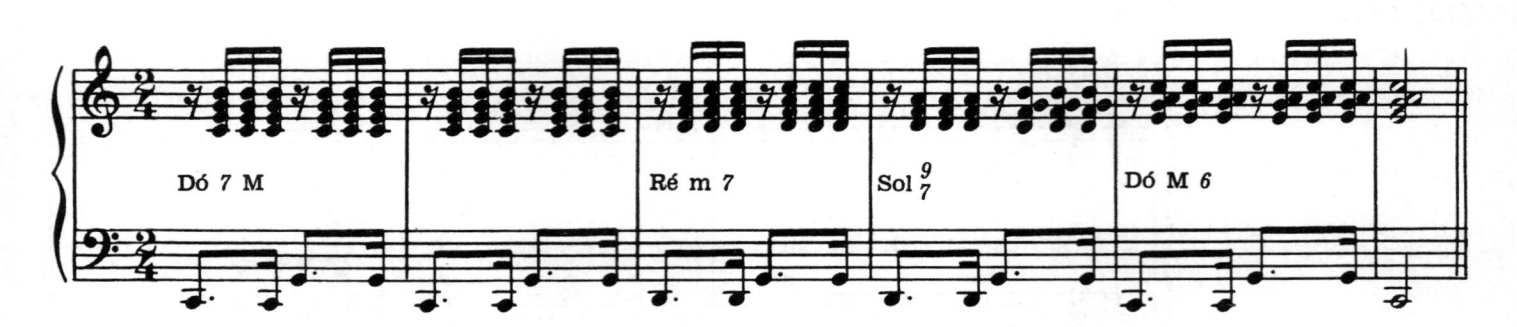

Modelo 17

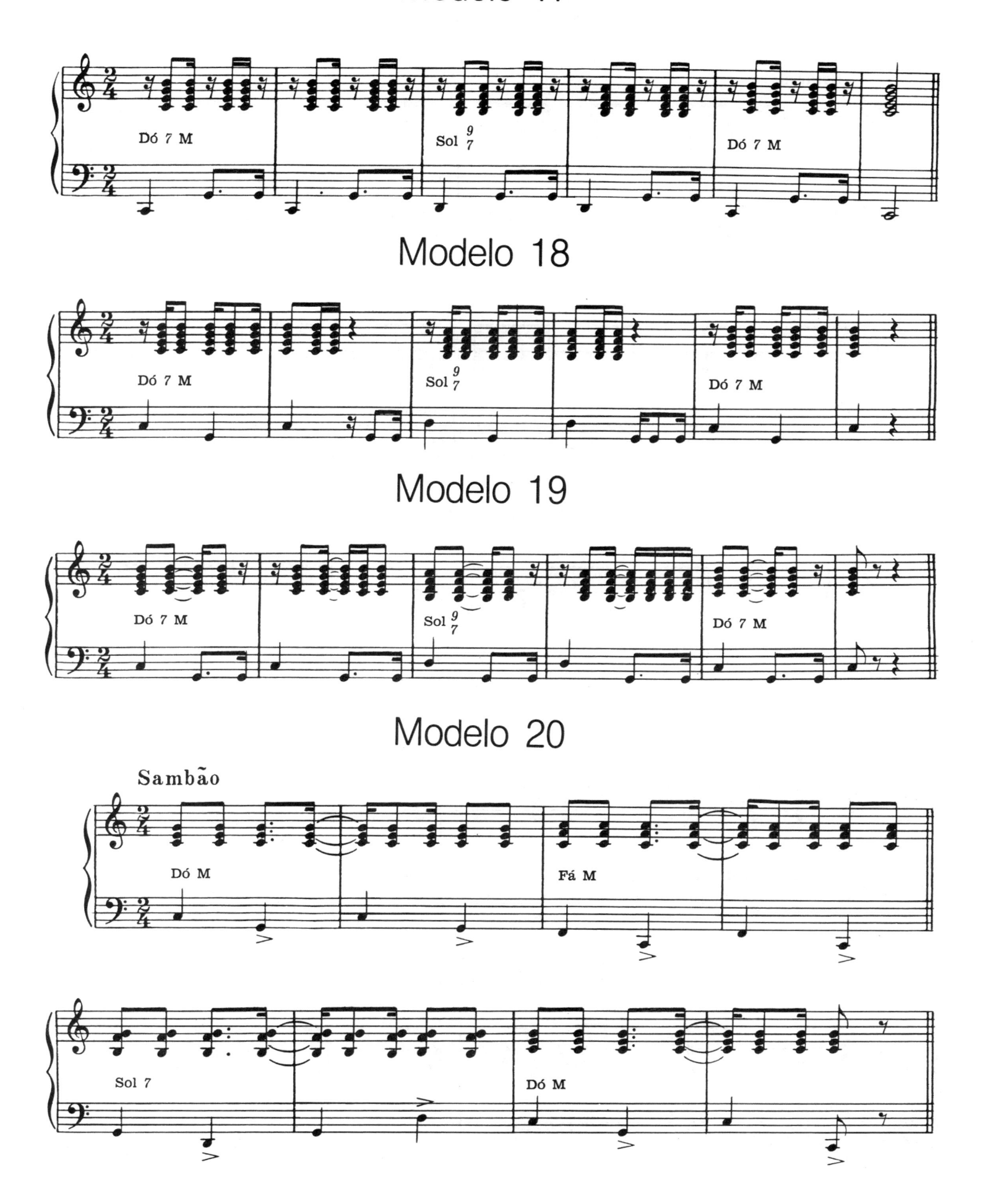

Modelo 18

Modelo 19

Modelo 20

Modelo 21

Modelo 24

Modelo 25

Modelo 26

Imitando cavaquinho

Ré 9/7   Sol M 6   Ré 7 9   Sol M 6

Ré 7 9   Sol M 6   Ré 7 9   Sol M 6

Modelo 27

Imitando violão

Ré m   Sol m   Lá 7

Ré m   Sol m   Ré m   Lá 7   Ré m / Lá 7 / Ré m

Modelo 28

Maxixe

Sol M   Mi 7   Lá m   Ré 7   Sol M

Atenção, Principiante!

Os arranjos que serão apresentados são distribuídos em três Graus de Dificuldade: Fáceis, de Meia Força e Arranjos Especiais para Adiantados.

Isto não quer dizer que o principiante não possa tocar arranjos difíceis, os quais podem também ser executados se ele souber simplificá-los.

Darei abaixo instruções para que você as pesquise com atenção e habilidade, pois na Música Popular tudo é criação, gosto, raciocínio e sobretudo Ritmo.

Você vai aproveitar as Melodias e a Cifragem destas peças para Adiantados, simplificando e criando o seu próprio arranjo, de acordo com suas possibilidades e recursos musicais.

Sete maneiras fáceis de acompanhar

Primeiramente, quando a Melodia estiver enriquecida com muitas notas, você deve ler e tocar somente as notas de cima. Observe depois a Cifragem, e, se não lembrar deste ou daquele acorde, recorra aos "Quadros dos Acordes" (Maiores, Menores, 6.as, 5.as aumentadas e diminuídas e Sétimas), expostos no início deste Curso de Piano Popular.

Exemplo com Risque

Melodia Simplificada SAMBA-CANÇÃO Ary Barroso

1º Só um acorde para cada compasso, observando a Cifragem, para ver qual o acorde que deverá ser empregado. Este exemplo é próprio também para mãos pequenas que não alcançam acordes de quatro sons.

2º Dois acordes em cada compasso, um no 1º tempo e outro no 2º tempo, observando sempre a Cifragem.

Ré m   Dó 7   Fá M

3º Com a Fundamental do acorde no 1º tempo e o restante das notas do acorde no 2º tempo.

Ré m   Dó 7   Fá M

4º A fundamental no 1º tempo e a 5.ª do acorde no 2º tempo.

. Ré m   Dó 7   Fá M

5º Com a Fundamental em oitavas no 1º tempo e a 5.ª simples no 2º tempo.

Ré m   Dó 7   Fá M

6º A Fundamental como Baixo no 1º e 2º tempos e o restante das notas do acorde completando o ritmo sincopado.
Este exercício é também adequado para mãos pequenas.

7º Acompanhamento completo de "Bateria Constante", usando o Processo de Baixos Alternados, com acordes de 4 sons, empregando a terça do acorde como Baixo de Câmbio, no 2º tempo.

Noções de Órgão Eletrônico

Como tocar partituras de Piano no Órgão

Considerando o Piano na sua verdadeira importância, como um dos instrumentos musicais dos mais completos pela sua beleza, técnica e tradição, vamos agora apreciar os recursos e o desenvolvimento do Órgão.

Desde a antiguidade, o Órgão vem sofrendo, através dos tempos, as mais profundas transformações no sentido de um aperfeiçoamento sempre constante.

Hoje, surge o Órgão Eletrônico, ultra moderno, que é o sucesso da atualidade.

Ele tem sua técnica e disposição das notas no teclado muito idênticas às do Piano. Dispondo de inúmeros e admiráveis recursos, com enorme facilidade se aprende a manuseá-lo.

Sua música é tão cheia de efeitos, que nos dá a impressão de estarmos ouvindo uma maravilhosa orquestra executada por uma só pessoa.

Nomenclatura Geral do Órgão Eletrônico

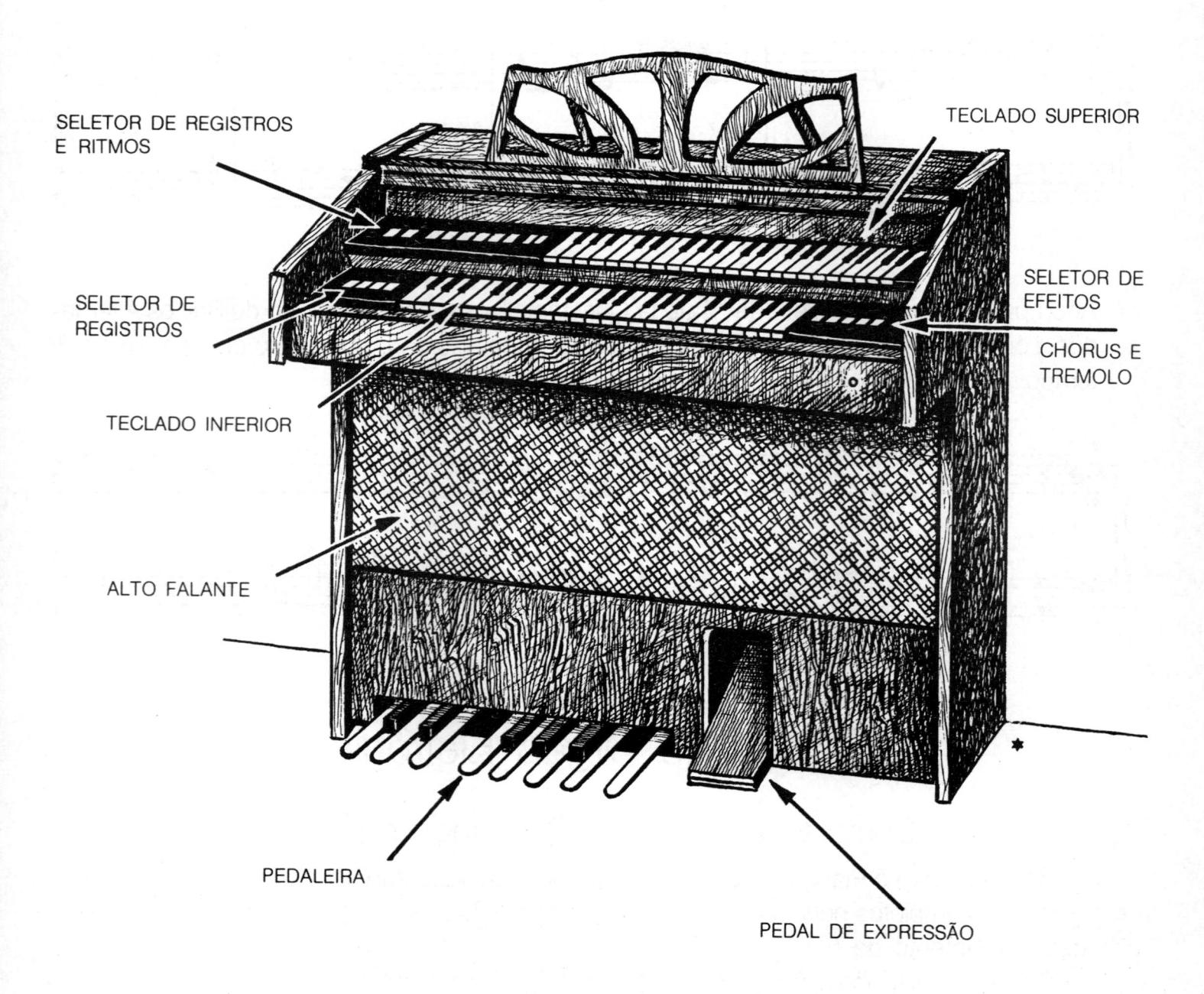

- SELETOR DE REGISTROS E RITMOS
- SELETOR DE REGISTROS
- TECLADO INFERIOR
- ALTO FALANTE
- TECLADO SUPERIOR
- SELETOR DE EFEITOS
- CHORUS E TREMOLO
- PEDALEIRA
- PEDAL DE EXPRESSÃO

Quadro dos Teclados e Pedaleira

Com suas notas correspondentes

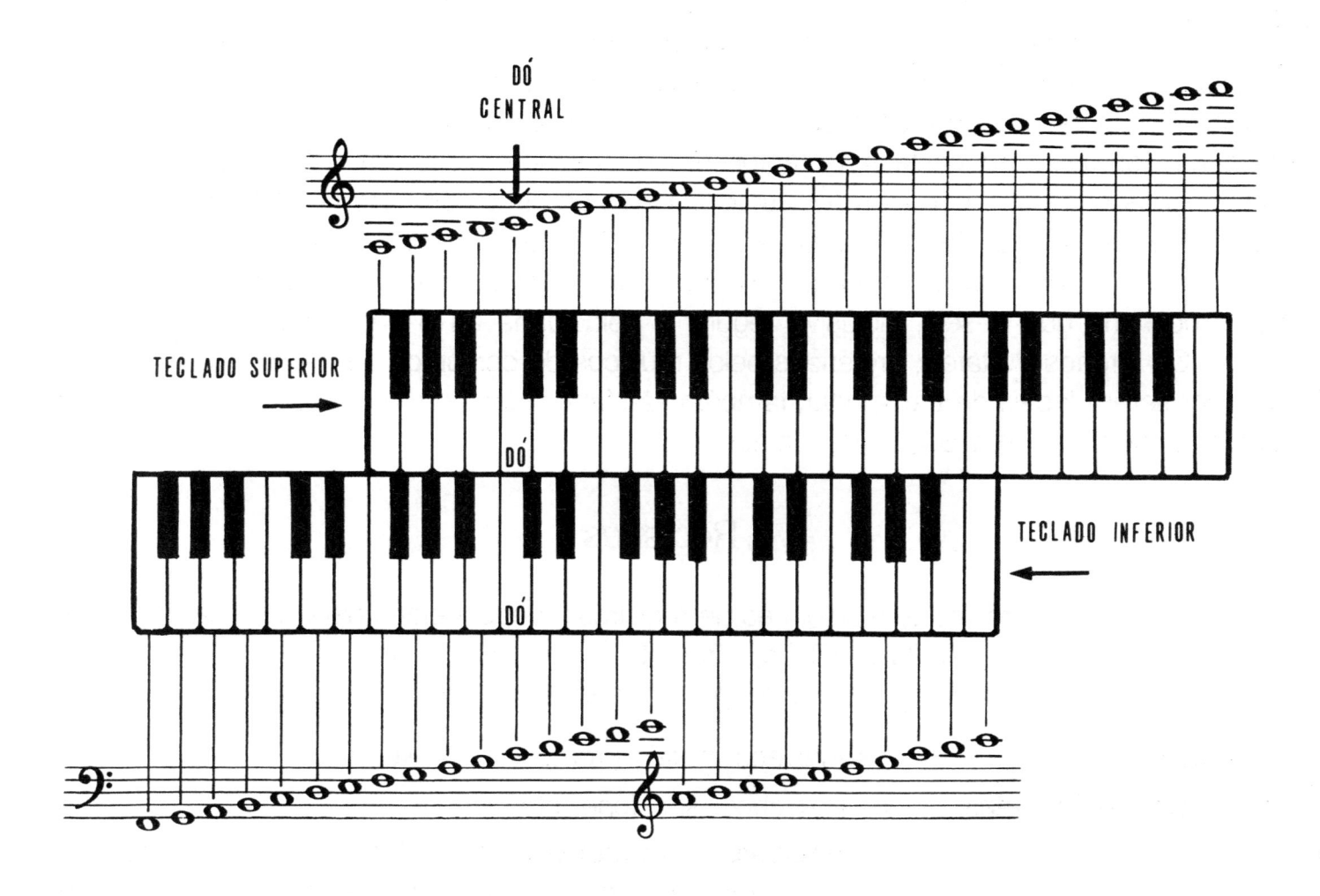

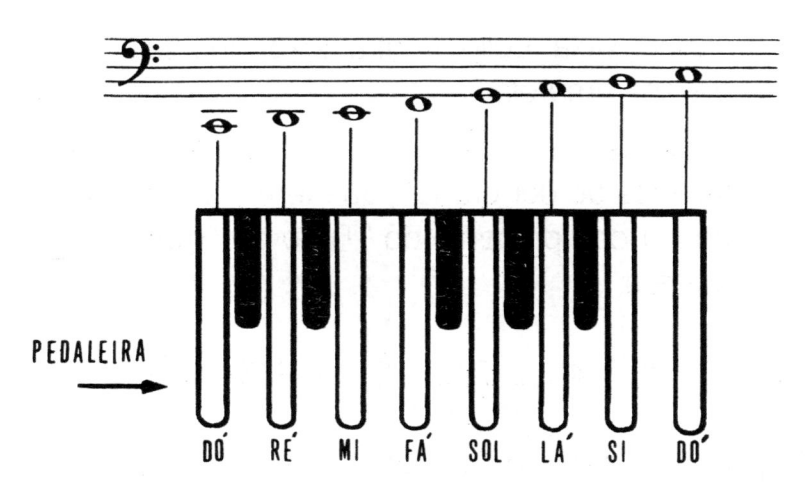

Introdução ao Órgão Eletrônico

O Órgão Eletrônico é um instrumento para ser tocado com as duas mãos e com os dois pés.

Os Órgãos, ao serem adquiridos, trazem um catálogo demonstrando todos os seus recursos como sejam: Seletor de Registros de diversos Timbres de instrumentos (Flauta, Violino, Clarinete, etc.), Seletor de Efeitos como Vibrato, Percussão, enfim, uma infinidade de variações de sons. Como se não bastassem tantos recursos, ainda apresenta uma Seção de Ritmos Automáticos onde se encontram todos os gêneros de ritmos de Percussão ou Bateria, como sejam: Marcha, Valsa, Swing, Tango, Rock, etc. Com este admirável dispositivo, você será acompanhado por Bateria, enquanto executa suas músicas, bastando apenas pressionar o botão do ritmo que deseja, inclusive regular a velocidade ou o andamento.

Os Órgãos Portáteis, preferidos pelos músicos de conjuntos de Rádio, Teatro e Televisão, por serem fáceis de transportar, também são fabricados com um ou dois Teclados, Pedal Opcional, com ou sem Seção de Ritmos, etc.

Registros

O Órgão Eletrônico tem seletores de registros independentes para o Teclado Superior, Teclado Inferior e para o Baixo (Bass) referente à Pedaleira.

A família dos registros se divide desta maneira:

Principais: referente aos metais (trompa, trompete, piston, etc.)

Lingüetas ou Palhetas: clarinete, oboé, saxofone, etc.

Obs.: os **Principais** e **Lingüetas ou Palhetas**, em alguns modelos de Orgãos Eletrônicos, são identificados por tabletes de cor vermelha.

Cordas (Strings): violino, viola, cello, contrabaixo, que são encontrados em tabletes de cor amarela.

Flautas ou Tíbias: registros que pertencem a família das madeiras, representados por tabletes de cor branca, que têm sua medida em "Pé" (foot), baseada no comprimento do "Tubo do Grande Órgão", que são os seguintes:

16' 8' 5 1/3' 4' 2 2/3' 2' 1 3/5' 1 1/3' 1'

As combinações que serão feitas pelo executante, a partir dos registros mencionados, obedecem a critérios estilísticos, que deverão ser respeitados de acordo com o gênero de música que se vai executar, (popular ou erudita), isto quer dizer que para cada gênero de música usaremos um registro pré-determinado.

Sugestão de Registros para Iniciantes

Para que o iniciante possa tocar seus exercícios, antes de conhecer todas as combinações de registros, damos a seguinte sugestão, para poder usar seu Órgão.

Teclado Superior $\begin{bmatrix} F\ 16' \\ F\ 8' \\ F\ 4' \end{bmatrix}$ **Teclado Inferior** F 8'   **Bass** 16' ou 8' **Tremolo ou Vibrato**

Obs.: nunca usar Tremolo e Vibrato ao mesmo tempo.

Teclado Superior

O Teclado Superior (Upper Manual), é executado com a Mão Direita, onde quase sempre é tocada a Melodia (Clave de Sol). Algumas vezes, conforme o arranjo, toca-se com as duas mãos no Teclado Superior.

Veja no catálogo de seu Órgão as numerações relativas aos Registros de Timbre (Harmonics): Flute 16', Oboé 8', String 8', String 4', etc. É interessante observar que na numeração 8' as notas soam realmente como estão escritas; já com o número 16', elas são ouvidas uma oitava abaixo do que estão escritas; quando levam o número 4', as notas são produzidas uma oitava acima do que estão escritas.

É muito importante que você saiba controlar o volume do som entre os dois Teclados, para que um não abafe o outro e que a Melodia sobressaia e realce. Vide abaixo o "Manual Balance".

Teclado Inferior

O Teclado Inferior (Lower Manual), é executado com a Mão Esquerda, onde, quase sempre, é tocado o acompanhamento (acordes, arpejos, sacks, etc.).

Portanto, numa partitura de piano, os acordes da Clave de Fá são tocados no Órgão no Teclado Inferior e os baixos na Pedaleira. As vezes, dependendo do arranjo, toca-se no Teclado Inferior também com as duas mãos, assim como, em algumas frases, as notas estão escritas na Clave de Sol, ao invés de Fá.

O Teclado Inferior também tem sua série de Registros de Timbres, independentes dos Registros do Teclado Superior: Flute 8', Flute 4', Horn 8', Cello 8', etc.

É importante que o aluno observe o seletor "Manual Balance", para um equilíbrio perfeito do volume de som entre os dois manuais, visto que o Teclado Superior geralmente expõe o tema e o Teclado Inferior sustenta a Harmonia. Daí, maior volume para o Teclado Superior.

Pedaleira

Para os que conhecem Piano, basta um ligeiro estudo de Pedaleira para que possam tocar rapidamente suas músicas no Órgão.

Os exercícios que serão apresentados para a Pedaleira servem para os que conhecem ou não Piano. Conforme o "Quadro das Notas Correspondentes", você poderá ver a localização das notas que correspondem a uma oitava na Pedaleira. Há Órgãos que trazem duas oitavas na Pedaleira (25 notas). A ordem das notas na fileira de Pedais obedece à ordem das notas naturais e acidentadas dos teclados. A Pedaleira é tocada com a ponta do pé esquerdo, sendo que o calcanhar é empregado para peças de maior dificuldade e também quando houver necessidade de executar sons ligados.

Às vezes, quando a Pedaleira possui duas oitavas, emprega-se também o Pé Direito, como auxílio na execução.

Há, como nos teclados, Registros de Timbres para a Pedaleira, como sejam: Bass 16', Bass 8', etc., por isso a altura dos sons depende dos registros.

Símbolos para o Pé Esquerdo

É comum, em alguns arranjos para Órgão, o emprego dos símbolos para indicarem quando as notas devem ser tocadas com a ponta do pé ou com o calcanhar.

V Ponta do pé direito
Λ Ponta do pé esquerdo

U Calcanhar do pé direito
∩ Calcanhar do pé esquerdo

Geralmente usa-se os dois pés quando a Pedaleira tem duas oitavas.

O Estudo do Órgão

O estudo do Órgão assemelha-se ao do Piano; portanto, o pianista poderá, com grande facilidade aplicar seus conhecimentos no Órgão.

Apenas seu "Touché" (maneira de pressionar as teclas) é um pouco diferente, pois suas notas são emitidas quase sempre "Legato", se bem que em muitas ocasiões são tocadas "Staccato".

Quanto ao estudo do mecanismo dos dois teclados, é muito similar ao do Piano, bastando, apenas, um estudo especial da Pedaleira.

Procure localizar todas as notas pelo "Quadro dos Teclados e da Pedaleira" para que assim você tenha logo, de pronto, uma idéia geral de toda a extensão dos sons no Órgão.

Localização dos Acordes

(No Teclado Inferior)

Para que a organização dos Acordes no Teclado Inferior fique bem harmoniosa, aconselhamos ao estudante monta-los todos sem ultrapassarem a seguinte região.:

Extensão das Notas dos Acordes

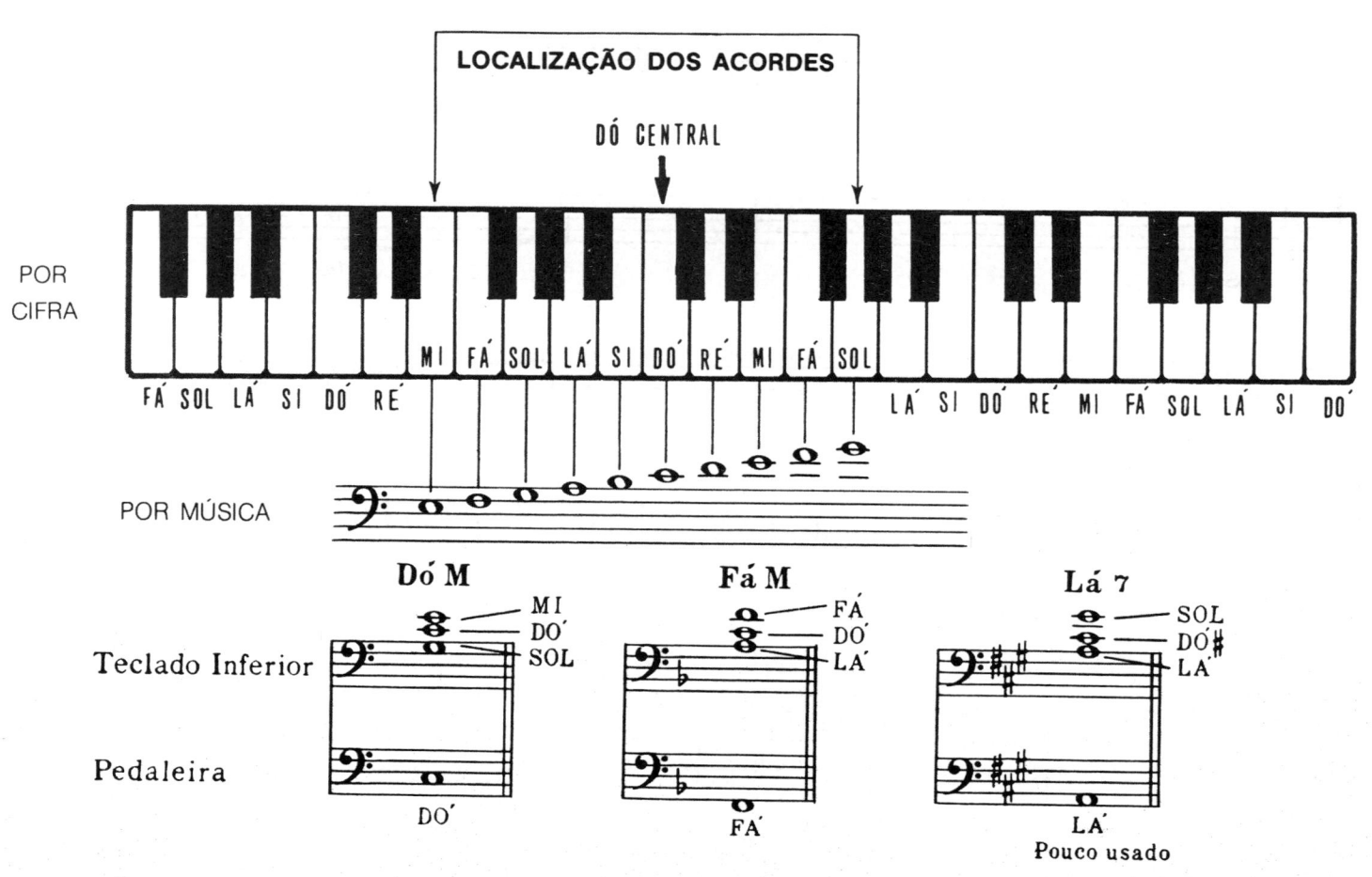

Os acordes cuja nota mais aguda é SOL, conforme o exemplo acima são pouco usados. Muito raramente se emprega o Mlb do 3º espaço da Clave de Fá. Os profissionais dão preferência à extensão de FÁ# à FÁ# . (FÁ# da 4.ª linha da Clave de FÁ até sua 8.ª superior).

As notas mais graves dos acordes não devem aproximar-se muito das notas da Pedaleira, nem as notas mais agudas devem ultrapassar o SOL da 3.ª linha suplementar superior da Clave de Fá do Teclado Inferior.

Exercícios nos dois Teclados e Pedaleira

DÓ - RÉ - MI - FÁ - SOL

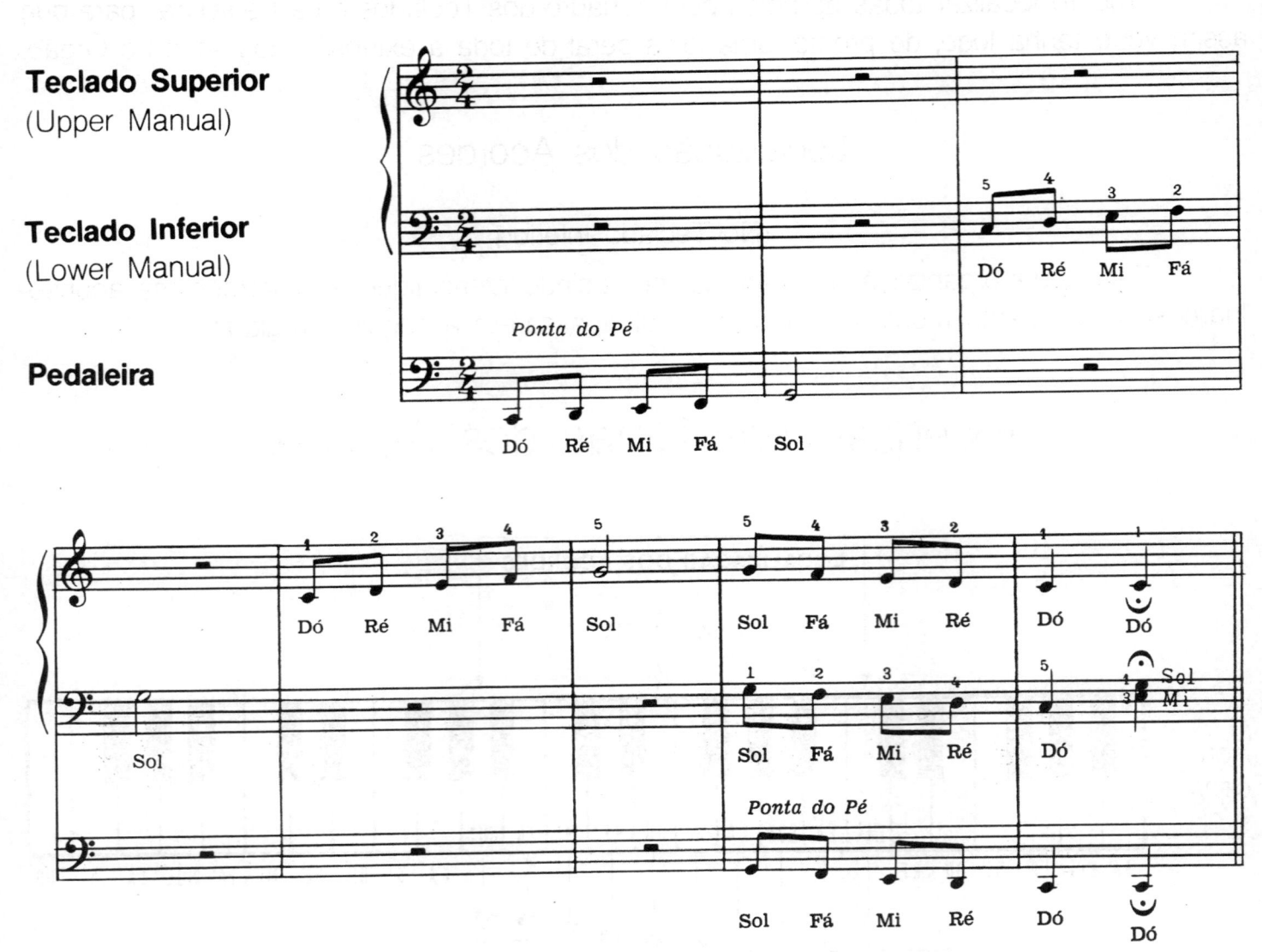

Teclado Superior
(Upper Manual)

Teclado Inferior
(Lower Manual)

Pedaleira

Escala de DÓ Maior nos dois Teclados e Pedaleira

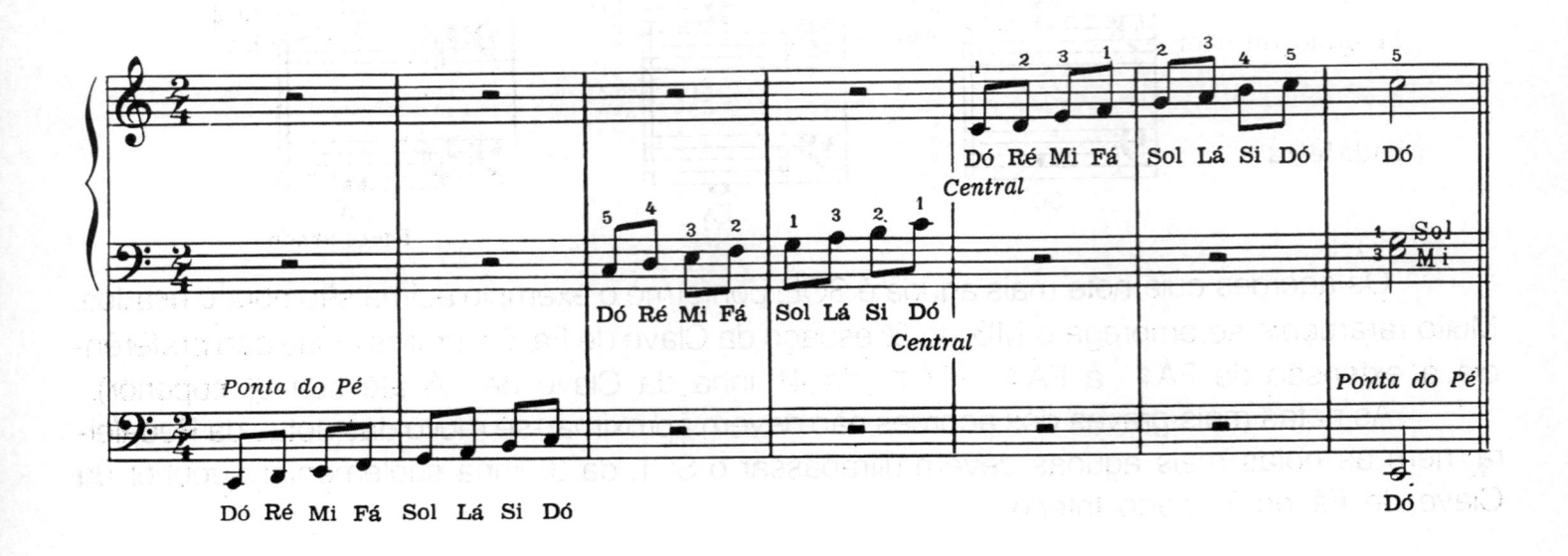

Acorde de DÓ Maior

O acorde de DÓ Maior é encontrado no I grau da Escala de DÓ Maior, formado da Fundamental, Terça e Quinta. O processo é o mesmo para todos os acordes Maiores e Menores em todos os tons.

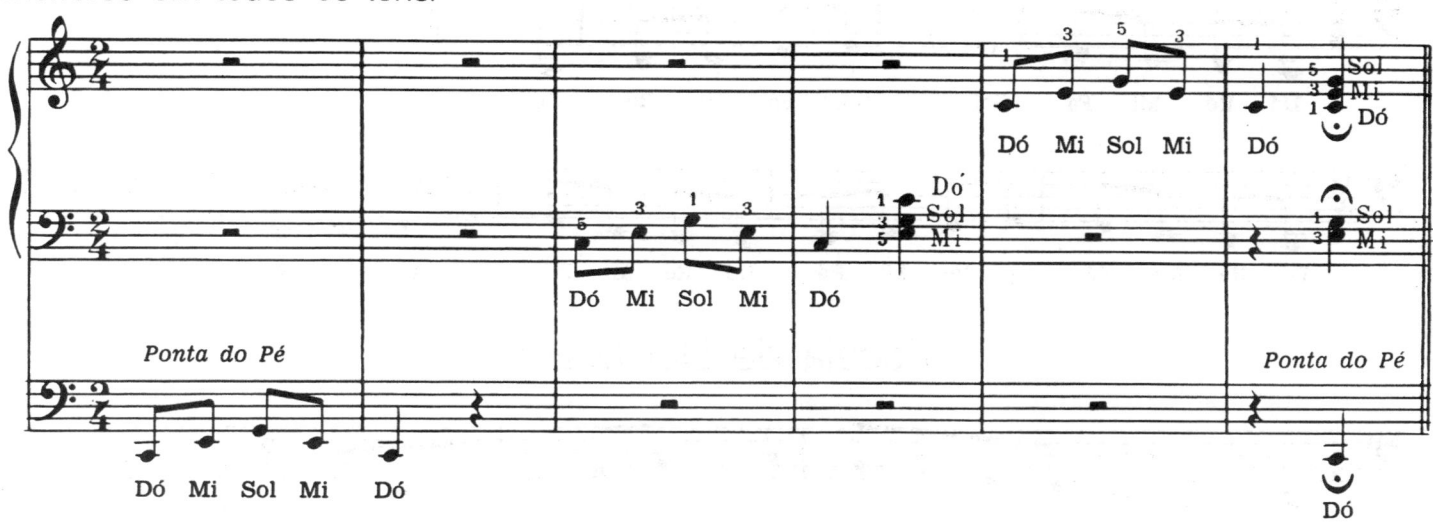

Quando as notas são tocadas sucessivamente chama-se Acorde Arpejado; quando são tocadas simultaneamente (de uma só vez), chama-se simplesmente Acorde.

Arpejo de DÓ Maior na Pedaleira e nos Teclados

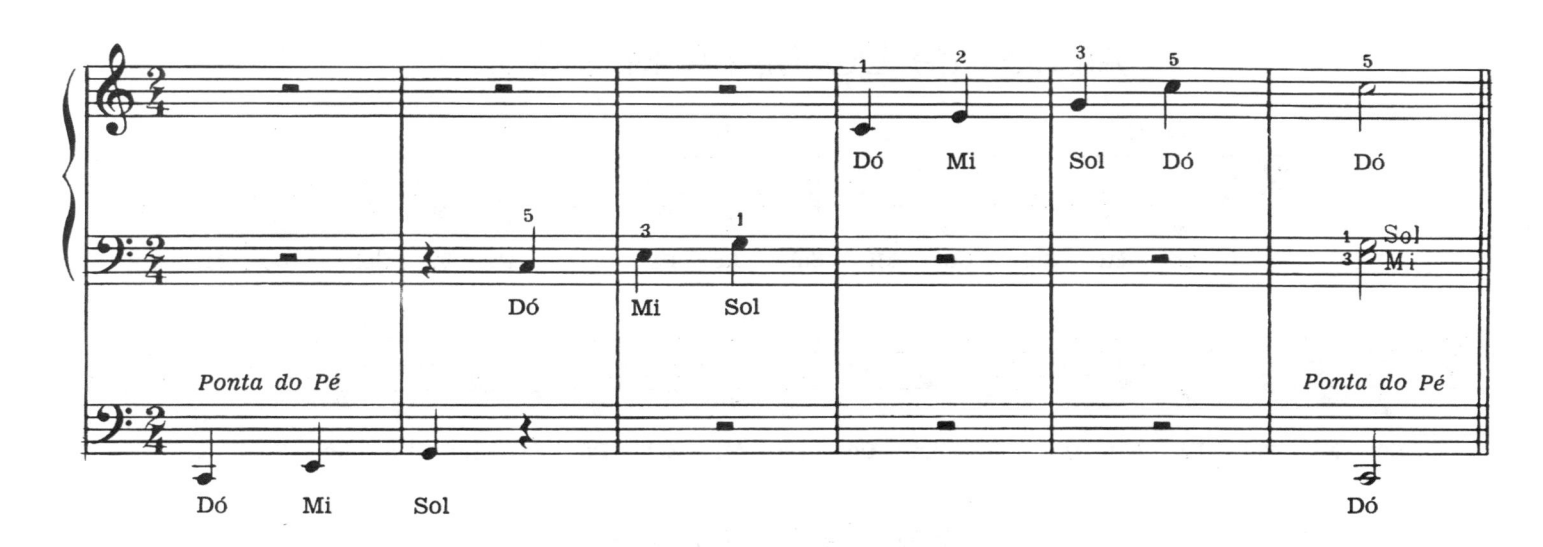

Pedal de Expressão

O Pedal de Expressão é pressionado com o Pé Direito, cuja finalidade é obter o volume do som desejado.

Sendo o Órgão um instrumento elétrico, não há necessidade de ferir as teclas com força, assim sendo, o volume do som para a sua dinâmica é controlado com o Pedal de Expressão.

Exercícios na Pedaleira

A Pedaleira de uma oitava chama-se Meia Pedaleira e a de duas oitavas ou mais, chama-se Pedaleira Completa.

DÓ RÉ MI FÁ SOL

Ponta do Pé

Dó Ré Mi Fá Sol   Sol Fá Mi Ré Dó

Dó Ré Mi Fá Sol Fá Mi Ré Dó Ré Mi Fá Sol Fá Mi Ré Dó

Escala de DÓ Maior

Dó Ré Mi Fá Sol Lá Si Dó Si Lá Sol Fá Mi Ré Dó

Arpejo de DÓ Maior

Dó Mi Sol Dó Sol Mi Dó Mi Sol Dó Sol Mi Dó

Arpejos de DÓ M, FÁ M e SOL 7

Dó M — *Sol 7* — *Dó M*

Dó Mi Sol Dó Mi Sol Ré Fá Sol Ré Fá Sol Dó Mi Sol

Fá M — *Dó M* — *Sol 7* — *Dó M*

Dó Mi Sol Fá Lá Dó Fá Lá Dó Dó Mi Sol Ré Fá Sol Dó Mi Sol Dó

Escala Cromática

Dó Dó♯ Ré Ré♯ Mi Fá Fá♯ Sol Sol♯ Lá Si♭ Si♮ Dó

Com o calcanhar nas notas naturais e ponta do pé nas notas acidentadas, com exceção das notas que estão marcadas com os símbolos.

Exercícios na Pedaleira em Forma de Canções

Marcha Soldado
Folclore Brasileiro

sol sol mi dó dó mi sol sol sol mi ré mi fá fá fá ré sol sol lá sol fá mi ré dó

Atirei o pau no Gato
Folclore Brasileiro

sol fá mi ré mi fá sol sol sol lá sol fá fá fá sol fá mi mi mi dó

lá lá lá si lá sol sol sol fá mi sol fa mi sol fá mi ré dó dó

Home on the Range
Folclore Americano

dó dó fá sol lá fá mi ré sib sib sib lá sib dó fá fá fá mi fá sol

dó do fá sol lá fá mi ré sib sib sib sib sib lá sol fá mi fá sol fá

Au Clair de la Lune
Folclore Francês

sol sol sol lá si lá sol si lá lá sol sol sol sol fá si lá sol si lá lá sol

lá lá lá lá mi mi la sol fá# mi ré sol sol sol lá si lá sol si lá lá sol

Boi da Cara Preta
Folclore Brasileiro

mib mib mib láb sol fá mib fá fá fá fá fá fá fá fá láb sol fá mib ré mib mib sib sib

láb láb láb láb láb láb sol mib mib ré mib fá fá fá lab sol fá mib ré mib mib

Como Tocar Músicas de Piano no Órgão

1º Toque a melodia de uma partitura de Piano no Teclado Superior do Órgão. Se você é principiante, toque somente as notas de cima, caso a melodia esteja muito harmonizada.
2º No acompanhamento da Mão Esquerda da partitura de Piano (Clave de Fá) você observa que tem Baixos e Acordes. No Órgão, passe os Baixos para a Pedaleira e toque os acordes no Teclado Inferior.
3º Se você é adiantado no Piano, procure tocar tudo o que estiver escrito, distribuindo, artisticamente, as notas das duas claves do Piano para as três claves da partitura de Órgão, relativas ao Teclado Superior, Teclado Inferior e Pedaleira.
4º Observe os exemplos que seguem e faça seus próprios arranjos da melhor maneira possível, de acordo com sua capacidade técnica, gosto e criatividade.

Valsa da Despedida

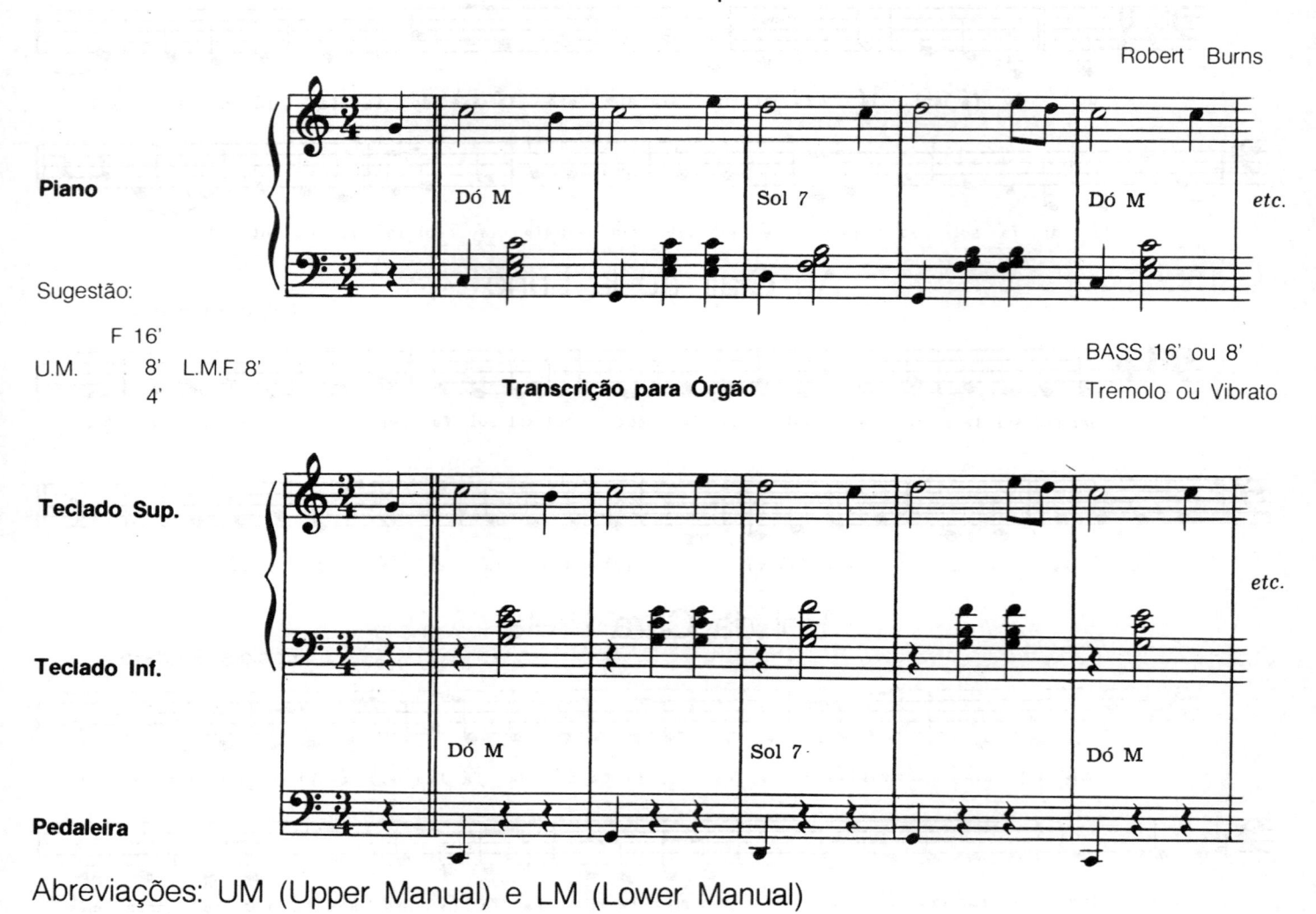

Robert Burns

Piano

Dó M   Sol 7   Dó M   etc.

Sugestão:

U.M.   F 16'   8'   L.M. F 8'
       4'

Transcrição para Órgão

BASS 16' ou 8'
Tremolo ou Vibrato

Teclado Sup.

etc.

Teclado Inf.

Dó M   Sol 7   Dó M

Pedaleira

Abreviações: UM (Upper Manual) e LM (Lower Manual)

Jingle Bells

MARCHA

Folclore Americano

Piano

Sol M   Dó M   etc.

Sugestão:

U.M. F 16' L.M.F 8'
4'

Transcrição para Órgão

BASS 16' ou 8'
Tremolo ou Vibrato

Teclado Sup.

Teclado Inf.

Sol M   Dó M

Pedaleira

5º Quando o gênero da música é uma Marcha, como no exemplo de Jingle Bells, faça o ritmo tocando os Baixos na Pedaleira em contratempo com os acordes do Teclado Inferior.

6º Se numa partitura de Piano a mão esquerda é toda em arpejos, como na Ave Maria, aproveite a primeira nota do arpejo, repetindo-a na Pedaleira, dando-lhe, porém, uma duração mais longa, porque esta nota passa a ser o Baixo.
Também, ao invés de fazer os arpejos na mão esquerda no Teclado Inferior, é muito comum tocar Acordes Parados.

7º No Samba, pode-se tocar os Acordes Parados no Teclado Inferior, fazendo o ritmo sincopado entre os Sacks do Teclado Superior com os Baixos da Pedaleira. Também pode-se fazer o ritmo com os Sacks no Teclado Inferior entrosados com os Baixos da Pedaleira, ficando a Melodia simples.

8º Com estes exemplos, você poderá transcrever qualquer gênero de música, mudando apenas o ritmo característico de cada peça: Rock, Swing, Balada, etc.

9º Enriqueça seus arranjos com os Seletores de Timbres e Efeitos, obedecendo a dinâmica com o Pedal de Expressão.

Ave Maria

Com Acordes Parados no Teclado Inferior.

C. Gounod

Piano

Fá M | Sol m 7 | Dó 7 | Fá M *etc.*

Sugestão:
U.M. F 16'   L.M.F 8'
            4'

Transcrição para Órgão   BASS 16' ou 8' Vibrato

Teclado Sup.

Teclado Inf.

Fá M | Sol m 7 | Dó 7 | Fá M

Pedaleira

Acordes Parados

Chamam-se Acordes Parados aqueles de longa duração ou que preenchem um compasso inteiro. Há peças em que se usa ligar o mesmo acorde para o compasso seguinte e mesmo até ligá-los para mais compassos. Vide exemplo acima.

Este processo de Acordes Parados na Mão Esquerda é o preferido pelos iniciantes, pois basta tocar os Baixos na Pedaleira que a Harmonia e o Acompanhamento estão prontos, enquanto se toca a Melodia na Mão Direita. Todas as músicas podem ser tocadas assim, bastando mudar os Acordes e os Baixos na hora exata de acordo com a Cifragem.

Repare no exemplo acima, onde os Baixos são dados com a Fundamental dos acordes indicados pelas Cifras.

Recorra à página 47 (Sete maneiras fáceis para acompanhar), onde você encontrará muitas formas para facilitar os seus arranjos. Se bem que os exemplos estão para Piano nesta página indicada, você poderá, por eles, fazer sua própria adaptação para Órgão.

Ave Maria

Com Acordes Arpejados no Teclado Inferior

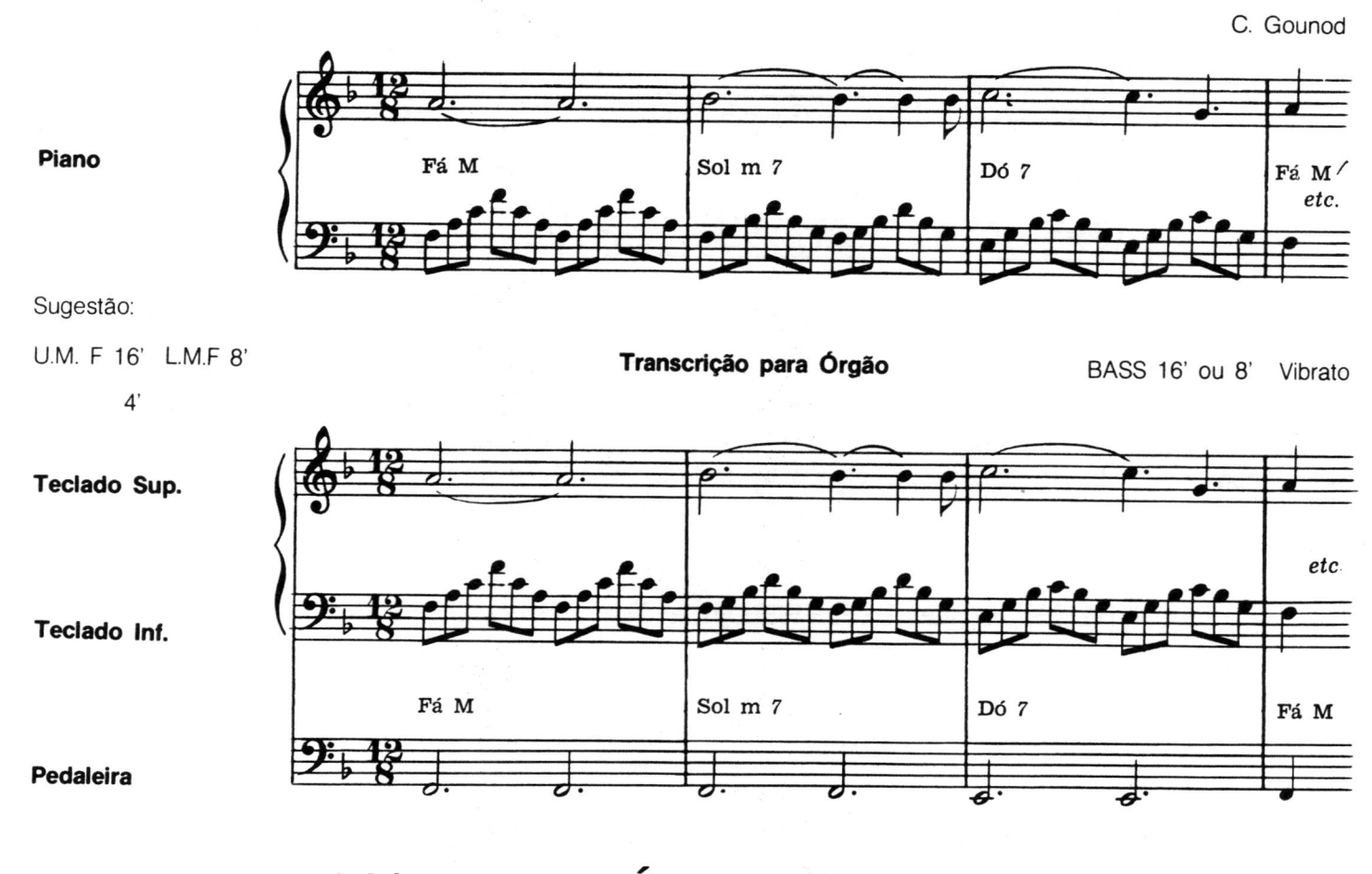

C. Gounod

Piano

Fá M | Sol m 7 | Dó 7 | Fá M / etc.

Sugestão:
U.M. F 16' L.M.F 8'
     4'

Transcrição para Órgão

BASS 16' ou 8'   Vibrato

Teclado Sup.

Teclado Inf.

etc.

Fá M | Sol m 7 | Dó 7 | Fá M

Pedaleira

Método de Órgão Eletrônico

Aconselhamos a adquirir o "Método de Órgão Eletrônico", por Mário Mascarenhas, livro este em que o estudante encontrará os estudos mais necessários e adequados para um rápido e interessante conhecimento do mecanismo deste belo instrumento.

Com uma didática simples e prática e com os "Exercícios Chaves" que contém, o estudante terá um material nas mãos como se fosse uma caixa de ferramentas, pronto para trabalhar e criar.

A Música é uma Matemática. Você precisa saber manusear e empregar as notas, combinando umas com as outras harmoniosamente, tal qual se fossem números.

Mas não é só Matemática. É como se você estivesse terminando de pintar um quadro, faltando só o acabamento. Você pode acrescentar o que você sentir: coloridos diversos, luzes, sombras, vida, alma.

Caro estudante, a este acabamento, na Música, chamamos de Interpretação e Sentimento, sem os quais aquela Matemática nada vale!

Agora é Cinza
SAMBA

Transcrição para Órgão, com Acordes Parados no Teclado Inferior e Sacks com a Melodia no Teclado Superior.

A. Barcellos e V. Marçal

Piano
Sugestão:

U.M. { F 16' / 8' / 5 1/3 / 4' } ou { F 16' / 8' / Tromb 16' / F 4' } ou { F 16' / 8' / 4' }

L.M.F 8'   BASS 16' ou 8'
Tremolo ou Vibrato

Transcrição para Órgão

Teclado Sup.
Teclado Inf.
Pedaleira

Abreviações na Escrita Musical para Órgão

Há diversas maneiras para abreviar a Escrita Musical de uma partitura de Órgão. Muitos autores colocam as notas das duas Claves de Fá (Teclado Inferior e Pedaleira), numa só Clave.
As notas do Teclado Inferior são escritas com as hastes para cima e as notas da Pedaleira com as hastes para baixo.

Old Folks at Home

Folclore Americano

Melodia
Acordes
Baixos

Agora é Cinza

SAMBA

Transcrição para Órgão, com Sacks no Teclado Inferior e Melodia simples no Teclado Superior.

A. Barcellos e V. Marçal

Piano

Sugestão:

U.M. { F 16' / 8' / 5 1/3' / 4' } ou { F 16' / 8' / Trombone 16' / F 4' } ou { F 16' / 8' / 4' }

Transcrição para Órgão

L.M.F 8' BASS 16' ou 8'
Tremolo ou Vibrato

Teclado Sup.

Teclado Inf.

Pedaleira

Outra Maneira de Abreviar

Usa-se muito, também, traçar uma linha embaixo da Clave de Sol, onde está a Melodia. Em cima desta linha colocam-se notas simples representando os acordes do Teclado Inferior e embaixo da linha colocam-se notas simples indicando os Baixos da Pedaleira. Estas notas são reconhecidas pela Cifragem, a qual lhes dá os nomes e a classificação do acorde. Exemplo: DÓ M, significa que o Baixo é DÓ e o acorde DÓ MI SOL, ou suas inversões. Assim por diante, de acordo com a Cifragem.

Valsa da Despedida

Robert Burns

Teclado Sup. - Melodia
Teclado Inf. - Acordes
Pedaleira - Baixos

Jingle Bells

(Baixos Alternados)

MARCHA *Folclore Americano*

Neste exemplo há dois Baixos em cada compasso na Pedaleira.

No primeiro compasso do exercício acima a Cifra é SOL M; portanto, o Baixo é SOL e o terceiro tempo é o Baixo de Câmbio, que poderá ser SI ou RÉ (a 3ª ou a 5ª do acorde).

As notas simples acima da linha do primeiro compasso representam os acordes que por terem a Cifra SOL M, será SOL SI RÉ ou suas inversões, que serão tocados no Teclado Inferior.

Outra Abreviação

Há também partituras de Órgão onde os acordes do Teclado Inferior são colocados em cima da linha, porém com suas três notas. Como estes acordes não são escritos na Pauta, são reconhecidos pela Cifragem.

Red River Valley

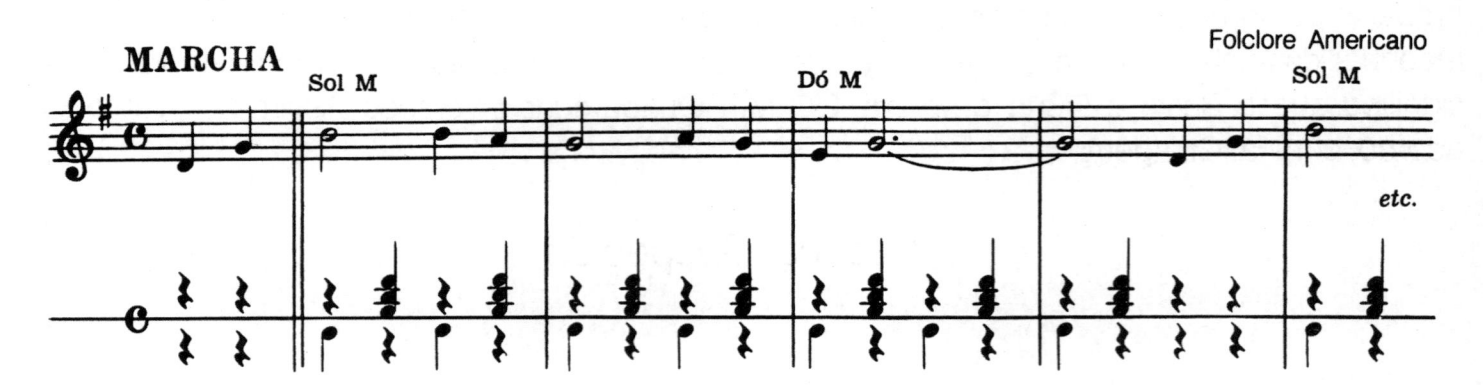

MARCHA *Folclore Americano*

Para estes processos de Abreviações da Notação Musical, onde não são empregadas as Claves de Fá, é importante que você faça uma recapitulação dos "Quadros de Acordes". Eles devem ser sabidos de cor, para que você, rapidamente, possa reconhecê-los e empregá-los recorrendo às Cifras, que lhes dão os nomes e a classificação.

Melodia Cifrada

Freqüentemente se encontram músicas para Piano e Órgão, somente com a Melodia na Clave de Sol, trazendo as Cifras embaixo ou em cima da Pauta. Veja que simplicidade de escrita e quantas maravilhas podemos criar com ela, se usarmos nossa imaginação e arte.

Ode à Alegria

(Da 9.ª Sinfonia)　　　　　　　　　　　　　　　　　　　　　　　　L. van Beethoven

Sobre o Folclore

Não podia deixar de inserir neste álbum algumas melodias do Folclore Brasileiro.

É a arte do nosso povo. É a música guardada tão somente na memória e que se transmite oralmente.

Por isso, ela é simples, espontânea, apresenta o que de mais autêntico existe na alma brasileira.

O nosso povo é a resultante de muitas culturas, daí o nosso folclore ser muito rico e sob o ponto de vista musical apresentar-se com uma grande variedade de manifestações.

Mas é preciso lembrar que o folclore é muito envolvente.

Nós o aprendemos no regaço materno, depois com os companheiros de brinquedos, com a convivência das pessoas mais simples, vai nos acompanhando toda a vida e sempre faz despertar em nossos sentimentos a lembrança de tempos despreocupados e felizes.

É com os votos que essas melodias, além de lembrar a nossa gente, tragam muitas alegrias aos nossos jovens executantes, para quem elas são destinadas.

Finalizando...

É esta a mensagem que lhes ofereço, num breve Curso de Piano Popular e Órgão, abrindo-lhes novos caminhos neste maravilhoso "Milagre das Notas", no qual, por destino, estamos todos nós igualmente envolvidos.

MÁRIO MASCARENHAS

Aquarela do Brasil

SAMBA ESTILIZADO

ARY BARROSO

Lento majestoso

Fá M6
Sol m6
Fá7M
Solm7
Dó7
Fá 7M
Fá 7
Mi 7
Mi 7
Ré7
Dó dm
Ré7
Dó dm
Ré7
Dó dm
Ré 7
Sol m
Mi♭ M
Sol6 m
Mi♭ M

Brasil
Meu Brasil brasileiro
Meu mulato Inzoneiro
Vou cantar-te nos meus versos
Ô Brasil, samba, que dá
Bamboleio, que faz gingá
Ô Brasil, do meu amor
Terra de Nosso Senhor
Brasil!
Brasil!
Pra mim...
Pra mim...

Ô abre a cortina do passado
Tira a mãe preta do serrado
Bota o rei congo no congado
Brasil!
Brasil!
Deixa, cantar de novo o trovador
A merencorea luz da lua
Toda a canção do meu amor...
Quero, ver a «sa dona» caminhando
Pelos salões arrastando
O seu vestido rendado
Brasil!
Brasil!
Pra mim...
Prá mim...

Brasil terra bôa e gostosa
Da moreninha sestrosa
De olhar indiscreto
Ô Brasil, verde que dá
Para o mundo se admirá
Ô Brasil do meu amor
Terra de Nosso Senhor,
Brasil!
Brasil!
Pra mim...
Pra mim...

Ô esse coqueiro que dá côco
Oi onde amarro a minha rêde
Nas noites claras de luar
Brasil!
Brasil!
Ó oi essas fontes murmurantes
Oi onde eu mato minha sêde
E onde a lua vem brincá
Oi, esse Brasil lindo e trigueiro
É o meu Brasil brasileiro
Terra de samba e pandeiro
Brasil!
Brasil!
Pra mim...
Pra mim...

Linda Flor — Yayá

SAMBA-CANÇÃO

Letras de
CÂNDIDO COSTA, LUIZ PEIXOTO e MARQUES PORTO

Música de
H. VOGELER

Dó 7
Fá M
Dó dm
Sol 7 m
Dó 7
Fá M
Fá 7 maj.
Fá 7
Sib M
Sib m
Fá M
Ré 7
Sol m
Ré 7
Sol m
Fa dm
Si♭ m
Fá M
Ré 7
Sol m 7
Dó 7
Fá M
Dó 9-
Dó 7
Fá M
FIM.

YAYÁ
LUIZ PEIXOTO e MARQUES PORTO

Ai! Yoyô
Eu nasci pra sofrê
Foi oiá pra você
Meus olhinho fechou!
E, quando os olho eu abri
Quis gritá, quis fugí
Mais você
Eu não sei porque
Você me chamou
Ai! Yoyô
Tenha pena de mim
Meu sinhô do Bonfim
Pode inté se zangá
Se ele um dia soubé
Que você é que é
O Yoyô
Da Yayá!

BIS { Chorei toda a noite pensei
Nos beijo de amô que eu te dei
Yoyô, meu benzinho do meu coração
Me leva pra casa! Me deixa mais não.

LINDA FLOR
CÂNDIDO COSTA

Linda Flor!
Tu não sabes, talvez,
Quanto é puro o amor
Que m'inspiras; não crês...
Nem
Sobre mim, teu olhar,
Veio um dia pousar!
Inda aumentas a minha dor
Com cruel desdém!
Teu amor
Tu, por fim, me darás,
E o grande fervor
Com que te amo, verás...
Sim...
Teu escravo serei;
Aos teus pés cairei
Ao te ver minha, enfim!

BIS { Felizes, então, minha flor,
Verás a extensão deste amor...
Ditosos os dois, e unidos enfim,
Teremos, depois, só venturas sem fim!

73

Risque

SAMBA

ARY BARROSO

Risque
Meu nome do seu caderno
Pois não suporto o inferno
Do nosso amor fracassado.
Deixe
Que eu siga novos caminhos
Em busca de outros carinhos
Matemos nosso passado.

Mas se algum dia talvez
A saudade apertar
Não se perturbe
Afogue a saudade nos copos de um bar.
Creia
Toda a quimera se esfuma
Como a brancura da espuma
Que se desmancha na areia.

Caminhemos

SAMBA

HERIVELTO MARTINS

Não, eu não posso lembrar que te amei...
Não, eu preciso esquecer que sofri,
Faça de conta que o tempo passou,
E que tudo entre nós terminou.
E que a vida não continuou prá nós dois
Caminhemos, talvez nos vejamos depois.

Vida comprida, estrada alongada,
Parto a procura de alguém
Ou a procura de nada...
Vou indo, caminhando,
Sem saber onde chegar,
Quem sabe na volta
Te encontre no mesmo lugar.

Tudo acabado

SAMBA

J. PIEDADE e OSWALDO MARTINS

Tudo acabado
Entre nós
Já não há mais nada
Tudo acabado
Entre nós, hoje de madrugada...
Você chorou, eu chorei
Você partiu, eu fiquei
Se você volta outra vez
Eu não sei.

Nosso apartamento agora
Vive a meia luz
Nosso apartamento agora
Já não me seduz
Todo o egoísmo
Veio de nós dois
Destruimos hoje
O que podia ser depois.

Ninguém me ama

SAMBA-CANÇÃO

FERNANDO LOBO e ANTONIO MARIA

Ninguém me ama, ninguém me quer
Ninguém me chama de meu amor
A vida passa e eu sem ninguém
E quem me abraça não me quer bem.

Vim pela noite tão longa
De fracasso em fracasso
E hoje descrente de tudo
Me resta o cansaço
Cansaço da vida, cansaço de mim
Velhice chegando e eu chegando ao fim.

Favela

SAMBA-CANÇÃO

ROBERTO MARTINS e WALDEMAR SILVA

Coro:

Bis {
Favela, oi Favela
Favela que trago no meu coração
Ao recordar com saudade
A minha felicidade
Favela dos sonhos de amor
E do samba-canção.
}

Hoje tão longe de ti
Se vejo a lua surgir
Eu relembro a batucada
E começo a chorar
Favela das noites de samba
Berço doirado dos bambas
Favela, és tudo o que eu posso falar.

Minha Favela querida
Onde eu senti minha vida
Presa a um romance de amor
Numa doce ilusão
Em uma saudade bem rara
Na distância que nos separa
Eu guardo de ti esta recordação.

Ternura antiga

SAMBA-CANÇÃO

J. RIBAMAR e DOLORES DURAN

Ai, a rua escura, o vento frio,
Esta saudade, este vazio,
Esta vontade de chorar.
Ai, tua distância tão amiga,
Esta ternura tão antiga
E o desencanto de esperar.
Sim, eu não te amo porque quero,
Ai, se eu pudesse, esqueceria.
Vivo, e vivo só, porque te espero.
Ai, esta amargura, esta agonia.

Castigo

SAMBA-CANÇÃO

DOLORES DURAN

A gente briga,
Diz tanta coisa que não quer dizer
Briga pensando que não vai sofrer
Que não faz mal se tudo terminar.
Um belo dia
A gente entende que ficou sozinho
Vem a vontade de chorar baixinho
Vem o desejo triste de voltar.

Você se lembra,
Foi isso mesmo que se deu comigo
Eu tive orgulho e tenho por castigo
A vida inteira p'rá me arrepender.
Se eu soubesse
Naquele dia o que eu sei agora
Eu não seria esta mulher que chora
Eu não teria perdido você.

Nem eu

SAMBA-CANÇÃO

DORIVAL CAYMMI

Não fazes favor nenhum
Em gostar de alguém
Nem eu, nem eu, nem eu,
Quem inventou o amor
Não fui eu, não fui eu
Não fui eu, não fui eu
Nem ninguém.

O amor acontece na vida
Estavas desprevenida
E por acaso eu também
E como o acaso é importante, querida
De nossas vidas a vida
Fez um brinquedo também.

Agora é cinza

SAMBA

BIDE e MARÇAL

Você partiu
Saudades me deixou
Eu chorei.
O nosso amor
Foi uma chama,
O sopro do passado
Desfaz
Agora é cinza
Tudo acabado
E nada mais!...

Você
Partiu de madrugada
E não me disse nada
Isto não se faz
Me deixou cheio de saudade
E paixão
Me conformo
Com sua ingratidão!

(Chorei porque).

Agora
Desfeito o nosso amor
Eu vou chorar de dor
Não posso esquecer
Vou viver distante dos teus olhos
Oh! querida
Não me dê
Um adeus por despedida!

(Chorei porque).

Cinco letras que choram

(Adeus)

SAMBA-CANÇÃO

SILVINO NETTO

ADEUS... ADEUS... ADEUS...
Cinco letras que choram...
Num soluço de dor...
ADEUS... ADEUS... ADEUS...
É como o fim de uma estrada...
Cortando a encruzilhada...
Ponto final de um romance de amor.

Quem parte, tem os olhos razos d'água,
Sentindo a grande mágoa
Por se despedir de alguém...
Quem fica, também fica chorando,
Com um lenço acenando,
Querendo partir também!...

Ai! Que saudades da Amélia

SAMBA

ATAULPHO ALVES e MÁRIO LAGO

Nunca vi fazer tanta exigência
Nem fazer o que você me faz
Você não sabe o que é consciência
Não vê que eu sou um pobre rapaz?
Você só pensa em luxo e riqueza
Tudo que você vê você quer,
Ai, meu Deus! Que saudade da Amélia...
Aquilo sim, é que era mulher.

Às vezes passava fome ao meu lado,
E achava bonito não ter que comer...
Quando me via contrariado
Dizia: — meu filho, o que se há de fazer...
Amélia não tinha a menor vaidade
Amélia é que era mulher de verdade.

Ave Maria no morro

SAMBA-CANÇÃO

HERIVELTO MARTINS

Barracão de zinco
Sem telhado,
Sem pintura,
Lá no morro
Barracão é «bungalow»!
Lá não existe felicidade de arranha-céu,
Pois quem mora lá no morro,
Já vive pertinho do céu!

Tem alvorada,
Tem passarada,
Alvorecer.
Sinfonia de pardais
Anunciando o anoitecer

Bis
E o morro inteiro
No fim do dia
Reza uma prece — AVE MARIA!
AVE MARIA! AVE MARIA!

E quando o morro escurece
Eleva a Deus uma prece...
AVE MARIA!...

Ave Maria

SAMBA-CANÇÃO

VICENTE PAIVA e JAYME REDONDO

Ave Maria
Dos seus andores
Rogai por nós
Os pecadores
Abençoai desta terra morena
Seus rios, seus campos
E as noites serenas.
Abençoai as cascatas
E as borboletas que enfeitam as matas.

Ave Maria
Cremos em vós
Virgem Maria
Rogai por nós
Ouvi preces murmúrio de luz
Que aos céus ascendem
E o vento conduz, conduz a vós
Virgem Maria
Rogai por nós.

Mistura

SAMBA-CANÇÃO

JOÃO ROBERTO KELLY

Que loucura
E eu pensava
Que era só ternura
Hoje você em mim virou mistura
Eu em você
Por isso que loucura...

Que desejo
Seu corpo fala
As coisas que eu entendo
A vida passa
E a gente nem está vendo
O que importa somos nós dois.

Que saudade
Nas horas tristes
Que a gente não vê
Há um vazio vontade de morrer
Eu não sou eu
Você não é você...

Você

BOSSA NOVA

ROBERTO MENESCAL e RONALDO BOSCOLI

Você, manhã de tudo meu
Você, que cedo entardeceu
Você, de quem a vida eu sou
E sem mais eu serei...
Você, um beijo bom de sal,
Você, de cada tarde vã,
Virá sorrindo, de manhã...

Você, um riso lindo à luz,
Você, a paz de céus azuis,
Você sereno bem de amar
Em mim...
Você tristeza que eu criei
Sonhei você prá mim,
Bem mais prá mim,
Mas só...

Batuque no morro

BATUCADA

RUSSO DO PANDEIRO e SÁ RORIS

Gosto de ver batuque no morro (BIS)
Ai, Ai, Ai
Ai, Ai, Ai
Pois o batuque é bom p'ra cachorro (BIS)
Ai, Ai, Ai
Ai, Ai, Ai.
Nêgo na macumba
Bate o bombo zumba zumba
P'ra fazer cangerê — êh, êh, êh
                    êh, êh, êh.

Nêga, quando samba
Requebrando com as cadeiras
Eu gosto de ver
Eu gosto de ver
Eu gosto de ver — êh, êh, êh.

Nêgo americano
Dança, o swing
E não sabe batucar — êh, êh, êh
Branco americano
Vai deixar a tal conga
E o francês o «Jattendrai»
Eu tenho que ver
Eu tenho que ver
Eu tenho que ver — êh, êh, êh.

Foi ela

SAMBA

ARY BARROSO

Quem quebrou meu violão de estimação?
Foi ela!
Quem fez do meu coração seu barracão?
Foi ela!
E depois me abandonou, ô-ô, ô-ô
Minha casa se despovoou
Quem me fez tão infeliz, só porque quis,
Foi ela!

Foi um sonho que findou, ô-ô
Um romance que acabou, ô-ô
Quem fingiu gostar de mim até o fim?
Foi ela!

Bota molho neste samba

SAMBA

MÁRIO MASCARENHAS

Introdução
Vivo

Bota molho neste samba
Porque eu quero é sambar
Sem balanço, sem a ginga
Eu não posso requebrar.

Aprendi dançar o samba
Lá no alto da Favela
Vou mostrar a minha bossa
Quando eu entrar lá na passarela.

Meu pai é compositor
Lá no meio dos bacanas
Minha mãe inda desfila
Lá na Ala das Baianas.

Sou passista de «nascença»
Eu desfilo na Mangueira
Meu irmão é Mestre Sala
Minha noiva Porta Bandeira.

Para terminar, repetir diversas vezes: Bota molho neste samba! etc.

Não tenho lágrimas

SAMBA

MAX BULHÕES e MILTON DE OLIVEIRA

Quero chorar
Não tenho lágrimas
Que me rolem nas faces
P'ra me socorrer
Se eu chorasse
Talvez desabafasse
O que sinto no peito
E não posso dizer
Só porque não sei chorar
Eu vivo triste a sofrer.

Estou certo que o riso
Não tem nenhum valor
A lágrima sentida
É o retrato de uma dor
O destino assim quis
De mim te separar
Eu quero chorar não posso
Vivo a implorar.

Eu e a brisa

MÚSICA JOVEM

JONHNNY ALF

Ah! Se a juventude que essa brisa canta
Ficasse aqui comigo mais um pouco
Eu poderia esquecer a dor de ser tão só
Prá ser um sonho
E aí então quem sabe alguém chegasse
Buscando um sonho em forma de desejo
Felicidade então prá nós seria
E depois que a tarde nos trouxesse a lua
Se o amor chegasse eu não resistiria
E a madrugada acalentaria nossa paz.

Fica oh! brisa fica
Pois talvez quem sabe
O inesperado faça uma surpresa
E traga alguém que queira te escutar
E junto a mim queira ficar
Queira ficar
Queira ficar.

Na Baixa do Sapateiro

(Bahia)

SAMBA-JONGO

ARY BARROSO

Ai, o amô, ai, ai
Amô, bobage que a gente não explica, ai, ai,
Prova um bocadinho, oi
Fica envenenado, oi
E pro resto da vida
É um tal de sofrê
O la-rá, o le-rê
Oi Bahia, ai, ai,
Bahia que não me sai do pensamento
Faço o meu lamento, oi
Na desesperança, oi
De encontrá pr'esse mundo
O amô que eu perdi na Bahia
Vô contá:

Na baixa do sapateiro
Encontrei um dia
O mulato mais frajola da Bahia
Pediu-me um beijo,
Não dei...
Um abraço,
Sorri...
Pediu-me a mão
Não quis dar
Fugi...
Bahia, terra da felicidade
Moreno...
Eu ando louca de saudade
Meu sinhô do Bonfim
Arranje um moreno igualzinho
Pra mim.

Salomé
(DANÇA DOS SETE VÉUS)

MÁRIO MASCARENHAS

© Copyright 1955 by IRMÃOS VITALE S/A. Ind. e Com. - São Paulo - Rio de Janeiro - Brasil
Todos os direitos autorais reservados para todos os países — All rights reserved.

Vem! Salomé!
Tua dança me fascina,
Me seduz e alucina,
És escrava do amor,
Salomé!
Qual serpente no deserto ferida
Tens a chama da paixão incontida
Quando os olhos te devoram
Sete véus tu lhes atiras
E começam a gritar:
Salomé!

  Coro:

Vem! Salomé!
Vem! Salomé!

Vem! Salomé!
Quando ouço estas vozes
Me parecem leões ferozes
A rugirem para ti,
Salomé!
E a dança continua sensual,
No banquete do amor oriental,
Sinto em mim um frenesi
Ao ver teu corpo que contorce
Com estas vozes a chamar:
Salomé!

  Coro:

Vem! Salomé!
Vem! Salomé!

André de sapato novo

CHORO

ANDRÉ VICTOR CORREIA

Fá7
Sib M
Fá7
Sib M
Mib M
Sib M
Fá7
Sib M
Do 𝄋 ao 𝄌
Sol m
Fá 7
Sib M
Sol7
Dó m
Fá7
Sib M
Sol 9- 7
Sol7
Do 𝄋 ao ❊
Dó m
Láb7
Fá 9- 7
Sib M
Dó7
Fá7
Sib M
Sol m
Dó m
Ré7
Sol m

Lamentos

CHORINHO

PIXINGUINHA e VINÍCIUS DE MORAES

Morena,
Tem pena
Mas ouve o meu lamento
Tento em vão
Te esquecer
Mas olhe o meu tormento é tanto
Que eu vivo em pranto e sou todo infeliz
Não há coisa mais triste meu benzinho
Que esse chorinho que eu te fiz.

Sozinha
Morena
Você nem tem mais pena
Ai meu bem
Fiquei tão só
Tem dó, tem dó de mim
Porque estou triste assim por amor de você
Não há coisa mais linda neste mundo
Que meu carinho por você.

Trem das onze

SAMBA

ADONIRAN BARBOSA

Introdução
Moderato

Bis:
- Não posso ficar nem mais um minuto com você
- Sinto muito amor, mas não pode ser
- Moro em Jaçanã.
- Se eu perder esse trem
- Que sai agora às onze horas
- Só amanhã de manhã.

Além disso mulher
Tem outra coisa,
Minha mãe não dorme
Enquanto eu não chegar,
Sou filho único
Tenho minha casa para olhar
E eu não posso ficar
Não posso ficar.

Brejeiro

TANGO BRASILEIRO

ERNESTO NAZARETH

mf
Dó M
Sol 7
Dó M
Sol 7
f
Mi 7
Lá m
f
Ré 7
Sol M
f
Dó M
Sol 7
Dó M
Ré 7
Sol M
Ré 7
Sol M
Re 7
Sol
Si m
Fá♯7
Si m
Ré 7
Sol M
Ré 7
Sol M
Ré 7
animando
Sol M
Si 7
Mi m
Lá m
Sol M
Ré 7
Sol M
D.C. Tutti e
Dó M
ff

Camisa listada

SAMBA-CHORO

ASSIS VALENTE

Sol 7
Fá m
Sol 7
Dó m
Sol 7
Dó m
Dó 7
Fá m
Dó m
Sol 7
Dó m
FIM
Dó m
Ré m5-
Dó m
Ré m5-
Dó m
Sol 7
Dó m

Coro:

Vestiu uma camisa listada
E saiu por aí
Em vez de tomar chá com torrada
Ele bebeu parati
Levava um canivete no cinto
E um pandeiro na mão
E sorria quando o povo dizia
Sossega Leão, sossega Leão.
Tirou o seu anel de doutor
Para não dar que falar
E saiu dizendo eu quero mamar
Mamãe eu quero mamar
Mamãe eu quero mamar
Levava um canivete no cinto
E um pandeiro na mão
E sorria quando o povo dizia
Sossega Leão, sossega Leão.

Levou meu saco de água quente p'ra fazer chupeta
Rompeu minha cortina de veludo p'ra fazer uma saia
Abriu o guarda-roupa
E arrancou minha combinação
E até do cabo de vassoura
Ele fez um estandarte
Para o seu cordão.

Agora que a batucada já vai começando
Não deixo e não consinto
O meu querido debochar de mim
Porque se ele pega as minhas coisas
Vai dar o que falar
Se fantasia de Antonieta
E vai dançar na Bola Preta
Até o sol raiar.

Ode à alegria

Da 9.ª Sinfonia

L. VAN BEETHOVEN

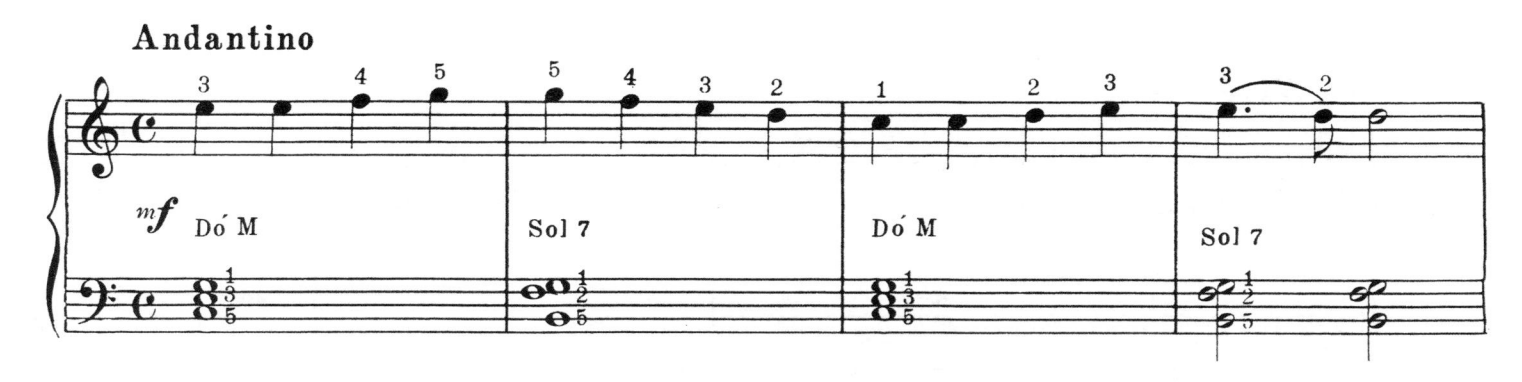

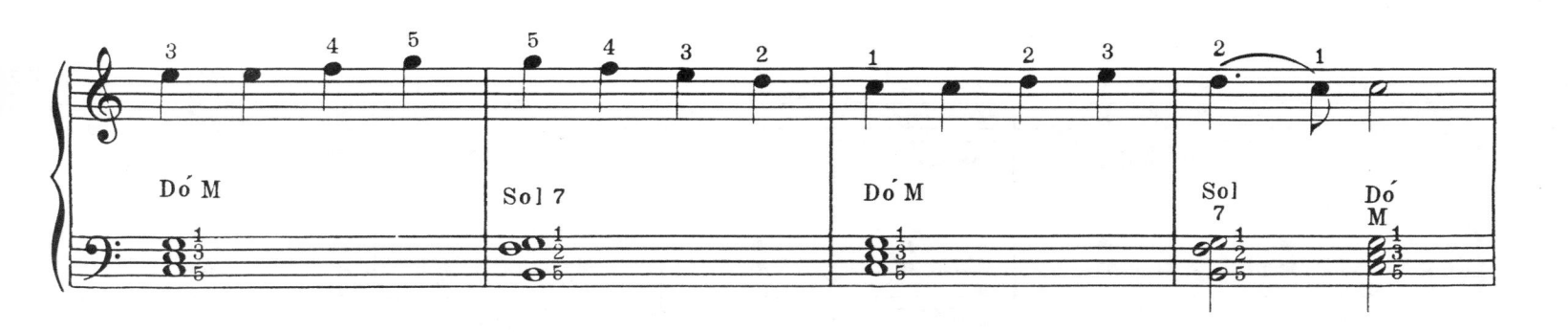

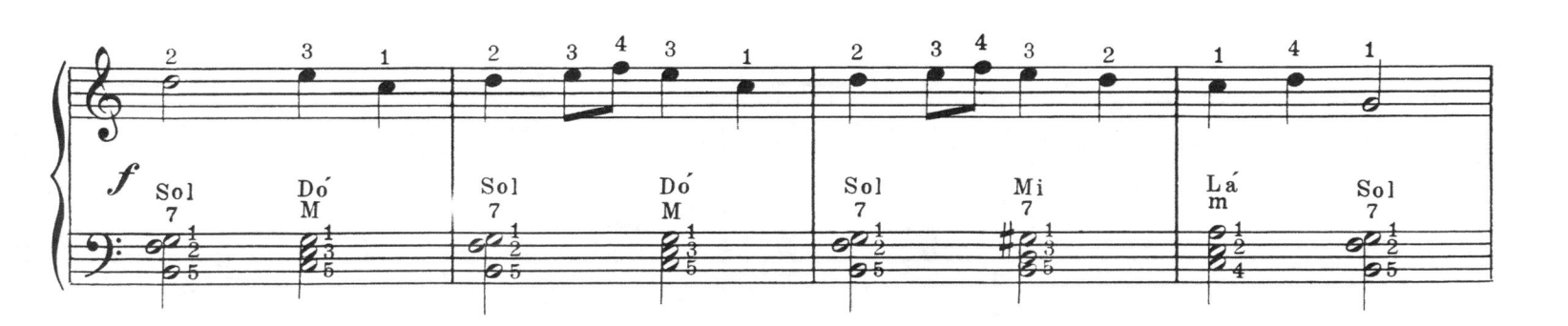

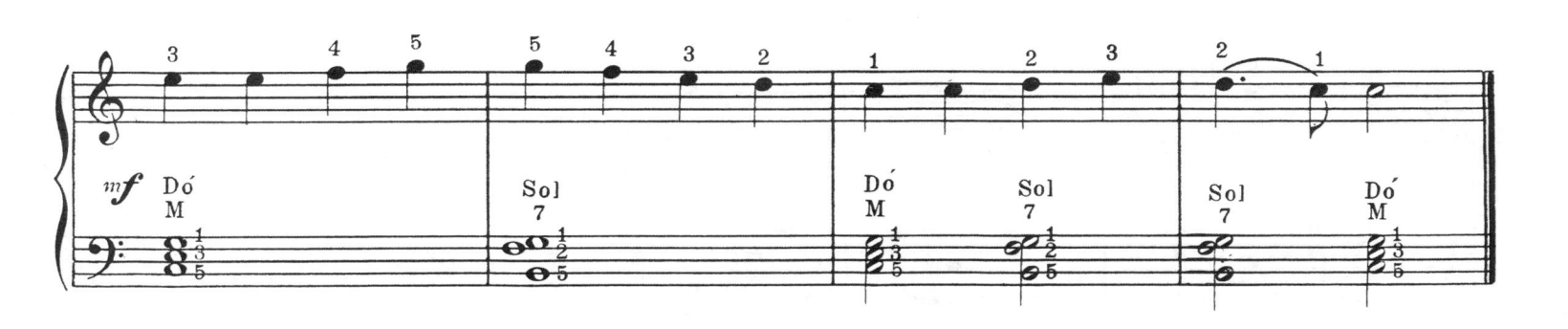

Andantino

Arranjos Fáceis para Principiantes
PELO PROCESSO DE BAIXOS ALTERNADOS
O Sanfoneiro só tocava isso
MARCHA CAIPIRA

HAROLDO LOBO e GERALDO MEDEIROS

O baile lá na roça
Foi até o sol raiar
A casa estava cheia
Mal se podia andar
Estava tão gostoso
Aquele reboliço
Mas é que o sanfoneiro
Só tocava isso.

De vez em quando alguém
Vinha pedindo p'ra mudar
O sanfoneiro ria
Querendo agradar
Diabo é que a sanfona
Tinha qualquer enguiço
Mas é que o sanfoneiro
Só tocava isso.

Natal das crianças

VALSINHA DE RODA

BLECAUTE

Bis
- Natal, Natal das crianças
- Natal da noite de luz.
- Natal da estrela guia
- Natal do Menino Jesus.

Blim blom, blim, blom, blim blom
Bate o sino na Matriz
Papai, mamãe rezando
Para o mundo ser feliz
Blim blom, blim, blom, blim blom
O Papai Noel chegou
Também trazendo presente
Para vovó e vovô.

Canção da criança

VALSA

FRANCISCO ALVES e RENÊ BITTENCOURT

Criança feliz
Que vive a cantar,
Alegre a embalar
Seu sonho infantil!
Ó meu bom Jesus
Que a todos conduz
Olhai as crianças
Do nosso Brasil.

Crianças com alegria
Qual um bando de andorinhas,
Viram Jesus que dizia:
«Vinde a mim as criancinhas».
Hoje, dos céus, num aceno,
Os anjos dizem: «Amem»
Porque Jesus Nazareno
Foi criancinha também.

Canta Maria

VALSA

ARY BARROSO

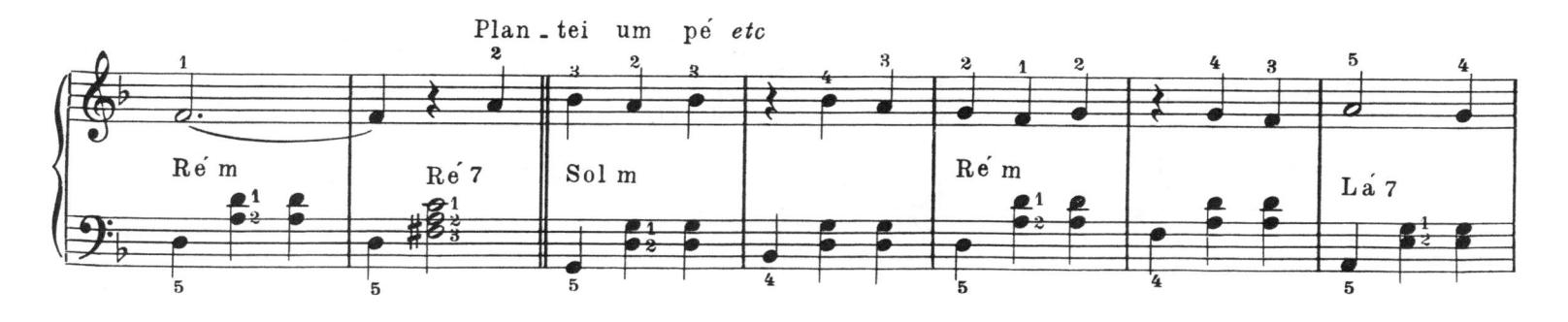

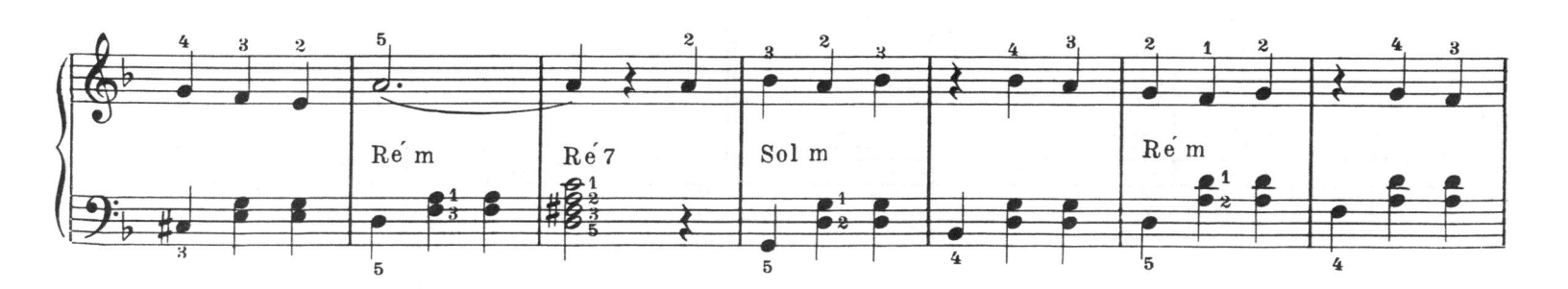

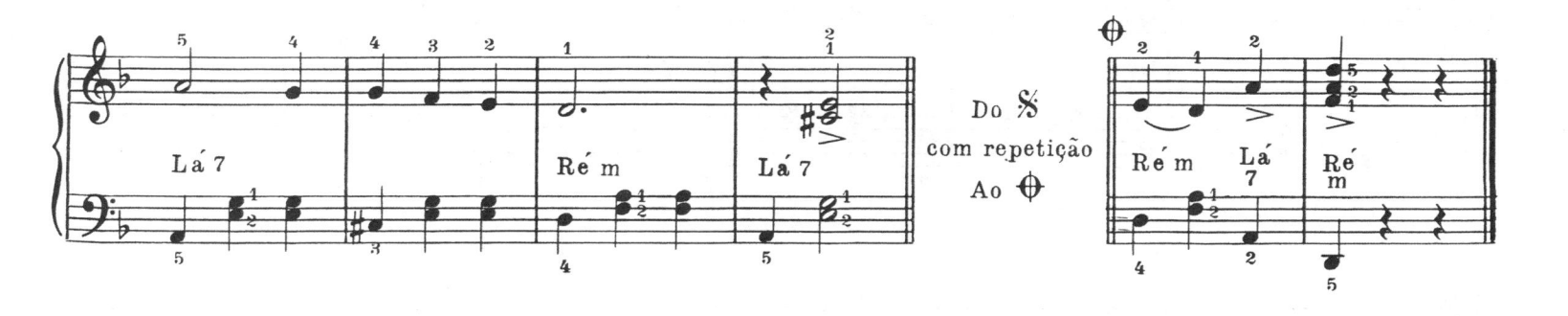

Canta Maria
A melodia sincera.
Bis { Canta, que a vida é um dia
Que a vida é bela
Minha Maria...

La, la, la, la, la, la,
Maria é meu amor
La, la, la, la, la, la,
Amor que me faz chorar
Plantei um pé de alecrim **(Bis)**
Para perfumar,
A minha linda casinha
Tão simplezinha
Que dá gosto olhar!...

Canta Maria, etc...

Rosa Maria

VALSA

ROBERTO MARTINS e EWALDO RUY

Ó Rosa Maria!
Levante desta cadeira
A noite está fria
Vamos pular a fogueira

Pegue um foguete e um busca-pé
Venha ajudar a soltar balão
Tome um refresco de capilé
Que é noite de São João.

A turma toda esperando você
E você teima em ficar no salão
Rosa Maria não faça «chiquê»
Na noite de São João.

Valsa de uma cidade

ISMAEL NETTO e ANTONIO MARIA

Vento do mar no meu rosto
E o sol a queimar, queimar;
Calçada cheia de gente a passar
E a me ver passar.
Rio de Janeiro, gosto de você;
Gosto de quem gosta deste céu,
Deste mar, desta gente feliz.

Bem que eu quiz escrever
Um poema de amor,
E o amor estava em tudo que eu vi,
Em tudo quanto eu amei
E no poema que eu fiz
Tinha alguém mais feliz que eu:
O meu amor que não me quis.

Saudades de Ouro Preto

VALSA

EDMUNDO LYS e ANTENÓGENES SILVA

I

Quero rever minha terra,
Aquelas serras voltar
A contemplar...
Quero inda um dia te ver,
Meu Ouro Preto distante,
Sob o luar...
Tenho de minha cidade
Aquela doce saudade
Sentida
Só por quem
Deixou, lá muito além,
O grande amor de sua vida.

Oh! montes altaneiros
Meus alcantis de Minas,
Banhados pela luz
Azul
Das noites claras, feitas para o amor...
O encanto que possues,
Assim,
Meu berço de colinas
Traz
Um embalo de saudade
Vem consolar minha dor.

Bandeira branca

MARCHA

MAX NUNES e LAÉRCIO ALVES

Bis
- Bandeira branca, amor
- Não posso mais
- Pela saudade que me invade
- Eu peço paz.

Saudade — mal de amor, de amor
Saudade — dor que doi demais
Vem meu amor
Bandeira branca
Eu peço paz.

Ta-hi!...

(Prá você gostar de mim...)

MARCHA-CANÇÃO

JOUBERT DE CARVALHO

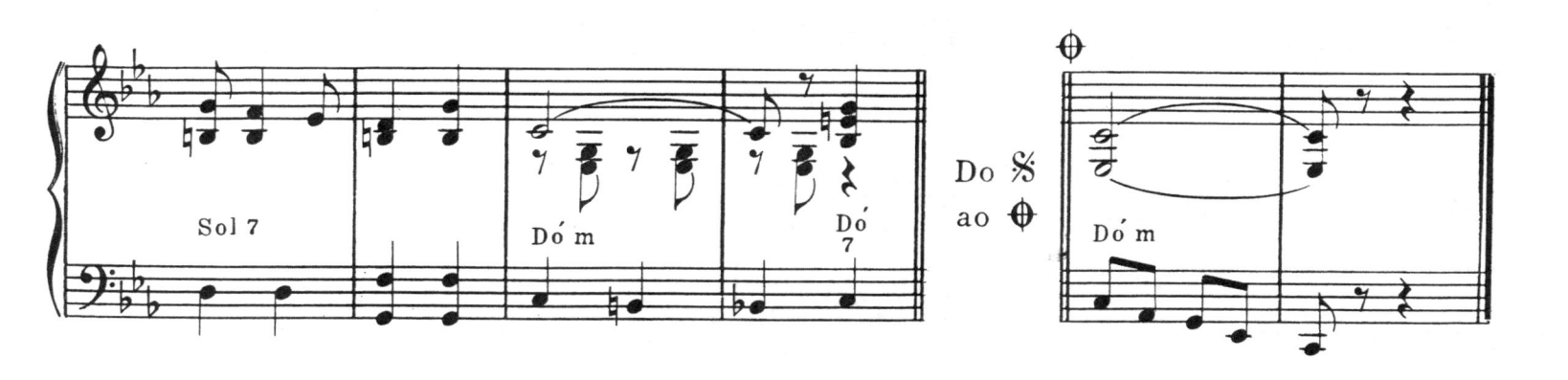

Coro:

Bis {
Ta-hi!...
Eu fiz tudo
P'ra você gostar de mim...
Oh meu bem
Faz assim comigo não!
Você tem, você tem
Que me dar seu coração.
}

Meu amor não posso esquecer...
Se dá alegria, faz também sofrer.
A minha vida foi sempre assim:
Só chorando as máguas... que não tem fim.

Essa história de gostar de alguém
Já é mania que as pessoas têm.
Se me ajudasse Nosso Senhor
Eu não pensaria mais no amor.

Ave Maria

VALSA SERENATA

EROTHIDES DE CAMPOS

Cai a tarde tristonha e serena, em macio e suave langor,
Despertando no meu coração a saudade do primeiro amor!
Um gemido se esvai lá no espaço, nessa hora de lenta agonia
Quando o sino saudoso murmura badaladas da «Ave Maria»!

Bis { Sino que tange com mágoa dorida, recordando sonhos da aurora da vida!
Dai-me ao coração paz e harmonia na prece da «Ave Maria»!

Cai a tarde tristonha, etc.

No alto do campanário uma cruz simboliza o passado
D'um amor que já morreu, deixando um coração amargurado.
Lá no infinito azulado uma estrela formosa irradia
A mensagem do meu passado quando o sino tange «Ave Maria»!

Cai a tarde tristonha, etc.

Felicidade

(Schottis da felicidade)

LUPICÍNIO RODRIGUES

Felicidade foi-se embora
E a saudade no meu peito
Ainda mora
E por isso que eu gosto lá de fora
Porque sei que a falsidade
Não vigora.

A minha casa
Fica lá detrás do mundo
Mas eu vou em um segundo
Quando começo a cantar.
Meu pensamento
Parece uma coisa a-toa
Mas como é que a gente voa
Quando começa a pensar.

A posição mais fácil para os Baixos Alternados é no Estado Fundamental, com a 3ª (MI) no 3º tempo.

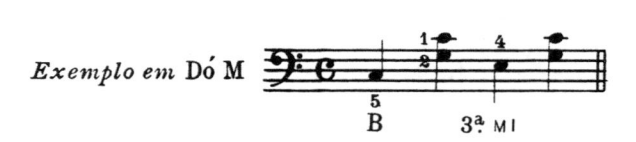

Exemplo em Dó M

Nesta música foi empregado, diversas vezes, o Baixo Alternado no Estado Fundamental, com a 5ª (SOL) no 3º tempo.

Ex.

Também, nesta música, foi empregada a 2ª Inversão de SOL 7 (RÉ FÁ SOL SI) com o RÉ e o SOL Fundamental no 3º tempo.

Ex.

I fill gloomy today

(Sinto-me triste hoje)

SLOW-BLUE

MÁRIO MASCARENHAS

Fá M
Dó M
Fá M
Sol 7
Dó M
Sol 7
Dó M
Fá M
Dó M
Fá M
Fá M 6
Fá♯dm
Dó M
Lá m
Ré m
Sol 7
Dó M

Boa noite, amor!...

VALSA ROMANCE

FRANCISCO MATTOSO e JOSÉ MARIA ABREU

Quando a noite descer
Insinuando um triste adeus
Olhando nos olhos teus
Hei de, beijando teus dedos, dizer:

Refrão:

Boa noite, amor,
Meu grande amor
Contigo eu sonharei
E a minha dor esquecerei
Se eu souber que o sonho teu
Foi o mesmo sonho meu...

Boa noite, amor,
E sonha, enfim,
Pensando sempre em mim.
Na carícia de um beijo
Que ficou no desejo...
Boa noite, meu grande amor!...

Eu sonhei que tu estavas tão linda

VALSA

FRANCISCO MATTOSO e LAMARTINE BABO

Eu sonhei... que tu estavas tão linda...
Numa festa de raro esplendor,
Teu vestido de baile... lembro ainda:
Era branco, todo branco, meu amor!...
A orquestra tocou umas valsas dolentes,
Tomei-te aos braços, fomos dançando, ambos silentes...
E os pares que rodeavam entre nós,
Diziam coisas, trocavam juras a meia voz...

Violinos enchiam o ar de emoções
E de desejos uma centena de corações...
P'ra despertar teu ciume, tentei flertar alguém,
Mas tu não flertaste ninguém!...
Olhavas só para mim,
Vitórias de amor cantei,
Mas foi tudo um sonho... acordei!...

Mágoas de caboclo

CANÇÃO

J. CASCATA e LEONEL AZEVEDO

Cabocla seu olhar está dizendo
Que você está me querendo
Que você gosta de mim
Cabocla não lhe dou meu coração
Você hoje me quer muito
Amanhã não quer mais não.

Não creio mais em amor nem amizade
Vivo só para a saudade
Que o passado me deixou
A vida para mim não vale nada
Desde o dia em que a malvada
O coração me estraçalhou.

Às vezes pela estrada enluarada
Julgo ouvir uma toada
Que ela para mim cantava
Quando eu era feliz e não pensava
Que a desgraça em minha porta
Passo a passo me rondava.

Depois que ela partiu eu fiquei triste
Nada mais no mundo existe
Vivo no mundo a penar
E quando penso nela oh! Grande Deus
Eu sinto dos olhos meus
Triste lágrima a rolar.

Lua branca

CANÇÃO

(da Opereta "Forrobodó")

FRANCISCA GONZAGA

Oh! lua branca de fulgores e de encanto,
Se é verdade que ao amor tu dás abrigo,
Vem tirar dos olhos meus o pranto
Ai! vem matar esta paixão que anda comigo.

Ai! por quem és, desce do céu! oh! lua branca
Essa amargura do meu peito... oh! vem, arranca;
Dá-me o luar da tua compaixão
Oh! vem, por Deus, iluminar meu coração.

E quantas vezes lá no céu me aprecias
A brilhar em noite calma e constelada
A sua luz, então, me surpreendia
Ajoelhado junto aos pés da minha amada.

E ela a chorar, a soluçar, cheia de pejo
Vinha em seus lábios me ofertar um doce beijo.
Ela partiu, me abandonou assim
Oh! lua branca, por quem és, tem dó de mim.

Mal-me-quer

MARCHA-RANCHO

CRISTOVÃO DE ALENCAR e NEWTON TEIXEIRA

Eu perguntei a um mal-me-quer
Se meu bem ainda me quer
E ele então me respondeu que não
Chorei, mas depois eu me lembrei
Que a flor também é uma mulher
Que nunca teve coração.

A flor-mulher
Iludiu meu coração
Mas, meu amor,
É uma flor ainda em botão
O seu olhar
Diz que ela me quer bem
O seu amor
É só meu, de mais ninguém!...

Amor de boneca

VALSA

MÁRIO MASCARENHAS

Pouco mais movimentado

Amor de boneca,
Sonhos de fadas,
Roupinhas de renda,
Cetins e almofadas.
Não fala «Papai»
E não fala «Mamãe»,
Só sabe dizer
Palavrinhas de amor!
Cabelos dourados;
Encaracolados;
Seus olhos brilhantes,
São dois diamantes.
Amor de boneca,
Fino «biscuit»,
Que na loja da vida
Eu vi.

Boneca de louça
É menina moça
Que sabe o que sente e o que quer.
Boneca querida,
Da caixa saída,
Boneca, menina, mulher!
Si abraço apertado,
Preciso cuidado,
P'ra não a quebrar na palma de minha mão.
Você é meu amoreco,
E eu sou seu boneco,
Só eu sei dar cordas no seu coração!

Bodas de prata

VALSA

ROBERTO MARTINS e MÁRIO ROSSI

Beijando teus lindos cabelos
Que a neve do tempo marcou
Eu tenho nos olhos molhados
A imagem que nada mudou:
Estavas vestida de noiva,
Sorrindo e querendo chorar
Feliz... Assim...
Olhando para mim,
Que nunca deixei de te amar.

Vinte e cinco anos vamos festejar de união
E a felicidade continua em meu coração,
Vai crescendo sempre mais o meu amor por ti,
Eu também fiquei mais velho e quase não senti.
Vinte e cinco anos de veneração e prazer,
Pois, até nos momentos de dor,
O teu coração me faz compreender:
Que a vida é bem pequena para tanto amor.

Crazy boogie

Boogie louco

MÁRIO MASCARENHAS

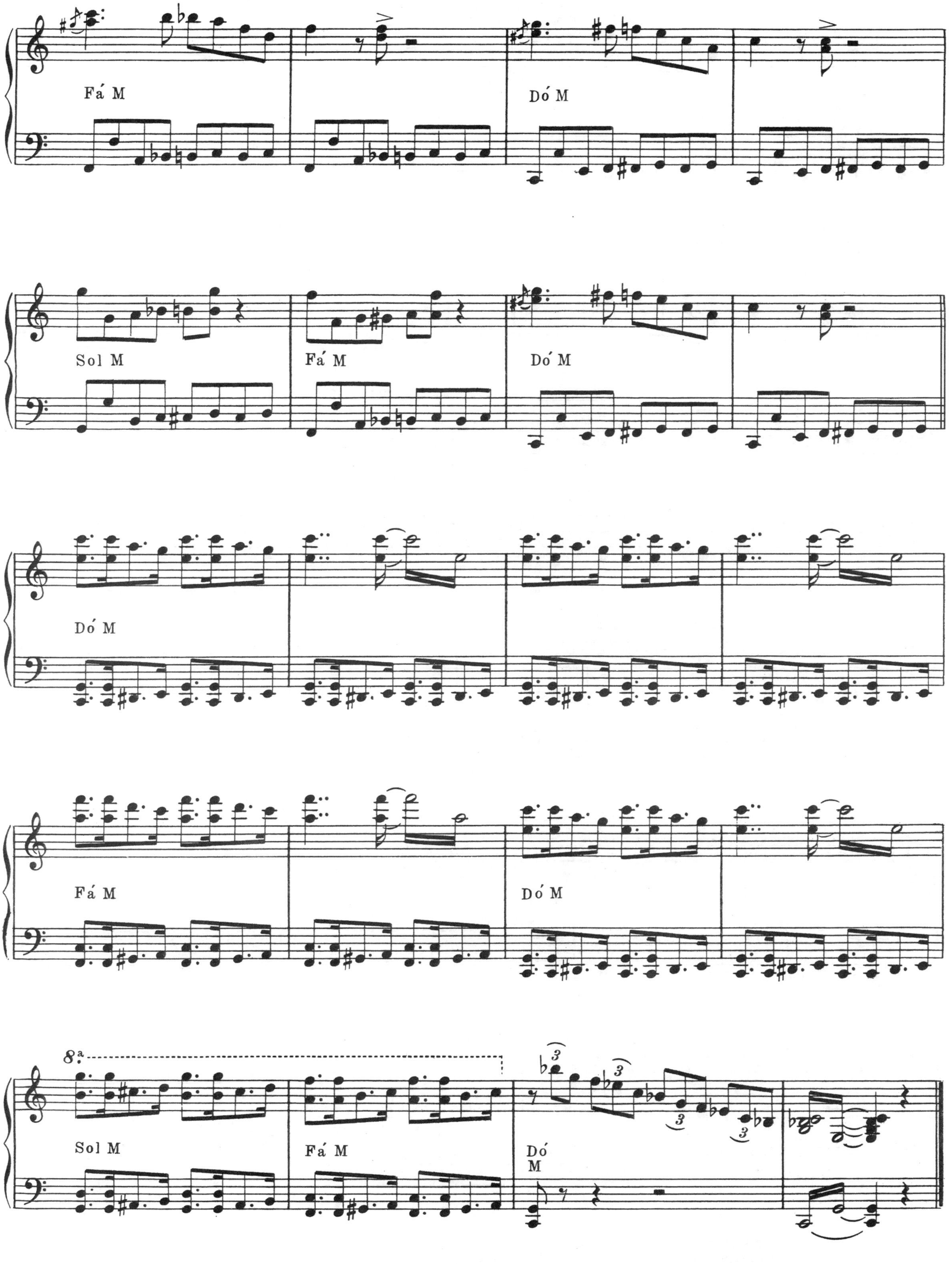
Fá M
Dó M
Sol M
Fá M
Dó M
Dó M
Fá M
Dó M
8a
Sol M
Fá M
Dó M

Chão de estrelas

VALSA-CANÇÃO

ORESTES BARBOSA e SÍLVIO CALDAS

Minha vida era um palco iluminado
Eu vivia vestido de doirado
Palhaço das perdidas ilusões...
Cheio dos guizos falsos da alegria,
Andei cantando a minha fantasia,
Entre as palmas febris dos corações!
Meu barracão do morro do Salgueiro,
Tinha o cantar alegre de um viveiro
— Foste a sonoridade que acabou...
E hoje, quando do sol, a claridade
Forra o meu barracão, sinto saudade
Da mulher pomba-rola que voou...

Nossas roupas comuns, dependuradas
Na corda, qual bandeiras agitadas
Pareciam um estranho festival!
Festa dos nossos trapos coloridos
A mostrar que nos morros mal vestidos,
É sempre feriado nacional!
A porta do barraco era sem trinco,
Mas a lua, furando o nosso zinco,
Salpicava de estrelas nosso chão...
Tu pisavas nos astros, distraída,
Sem saber que a ventura desta vida,
É a cabrocha, o luar, o violão...

Vassourinhas

FREVO

MATIAS DA ROCHA e JOANA BATISTA RAMOS

Variação(*)

MÁRIO MASCARENHAS

Vivo

(·) Esta variação pode ser tocada no final, para terminar bem vibrante e animado.

Maringá

CANÇÃO

JOUBERT DE CARVALHO

Foi numa leva
Que a cabocla Maringá
Ficou sendo a retirante
Que mais dava o que falá.

E junto dela
Veio alguém que suplicou
Prá que nunca se esquecesse
De um caboclo que ficou.

Antigamente
Uma alegria sem igual
Dominava aquela gente
Da cidade de Pombal.

Mais veio a seca
Toda chuva foi-se embora
Só restando então as água
Dos meus óio quando chora

Estribilho:

Maringá, Maringá,
Depois que tu partiste,
Tudo aqui ficou tão triste,
Que eu garrei a maginá:

Maringá, Maringá,
Para havê felicidade,
É preciso qua a saudade
Vá batê noutro lugá.

Maringá, Maringá,
Volta aqui pro meu sertão
Prá de novo o coração
De um caboclo assossegá.

O despertar da montanha

TANGO DE SALÃO

EDUARDO SOUTO

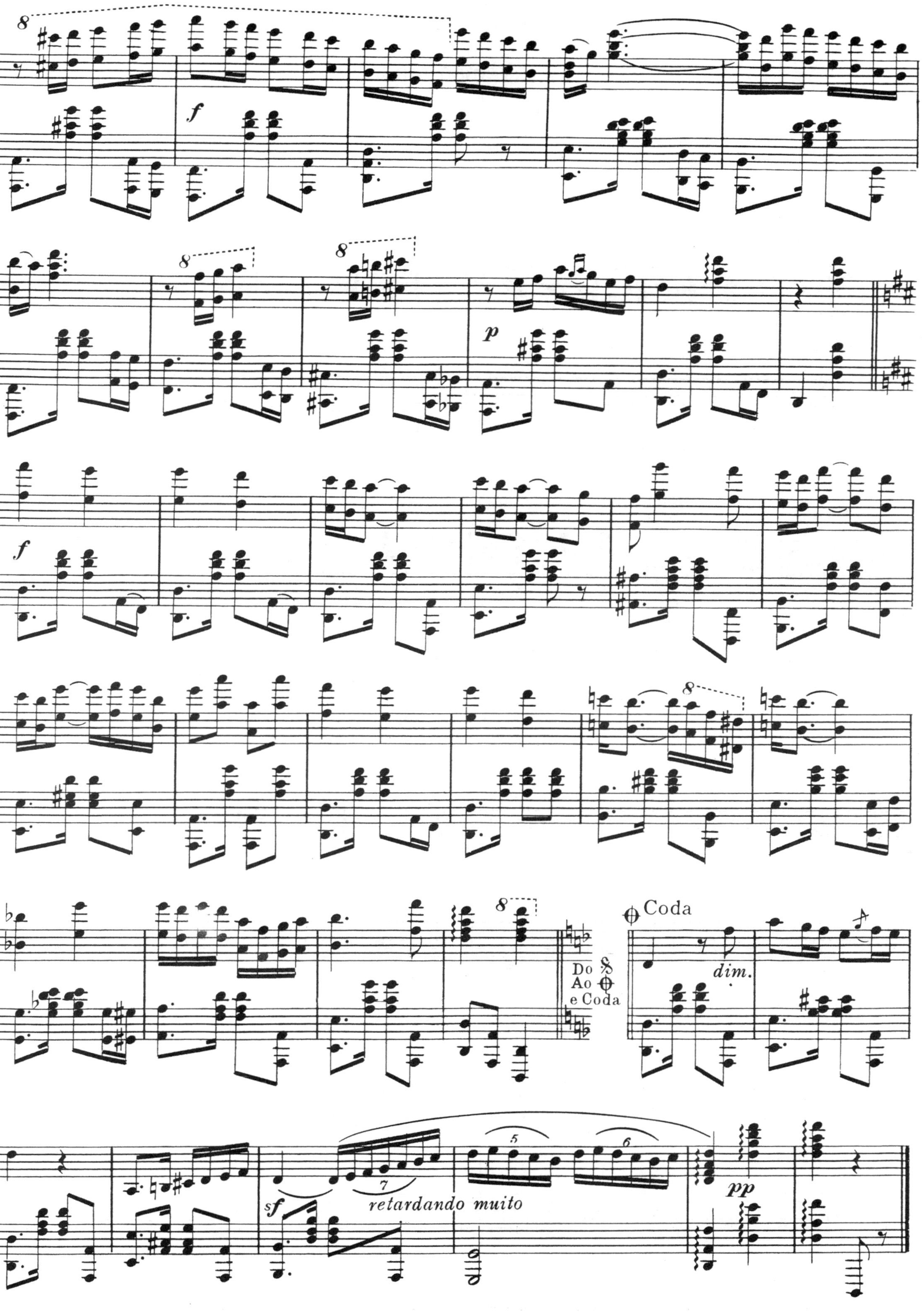

8
f
8
8
p
f
8
8
Do
Ao
e Coda
Coda
dim.
sf
retardando muito
pp

Let's play jazz

Vamos tocar Jazz

MÁRIO MASCARENHAS

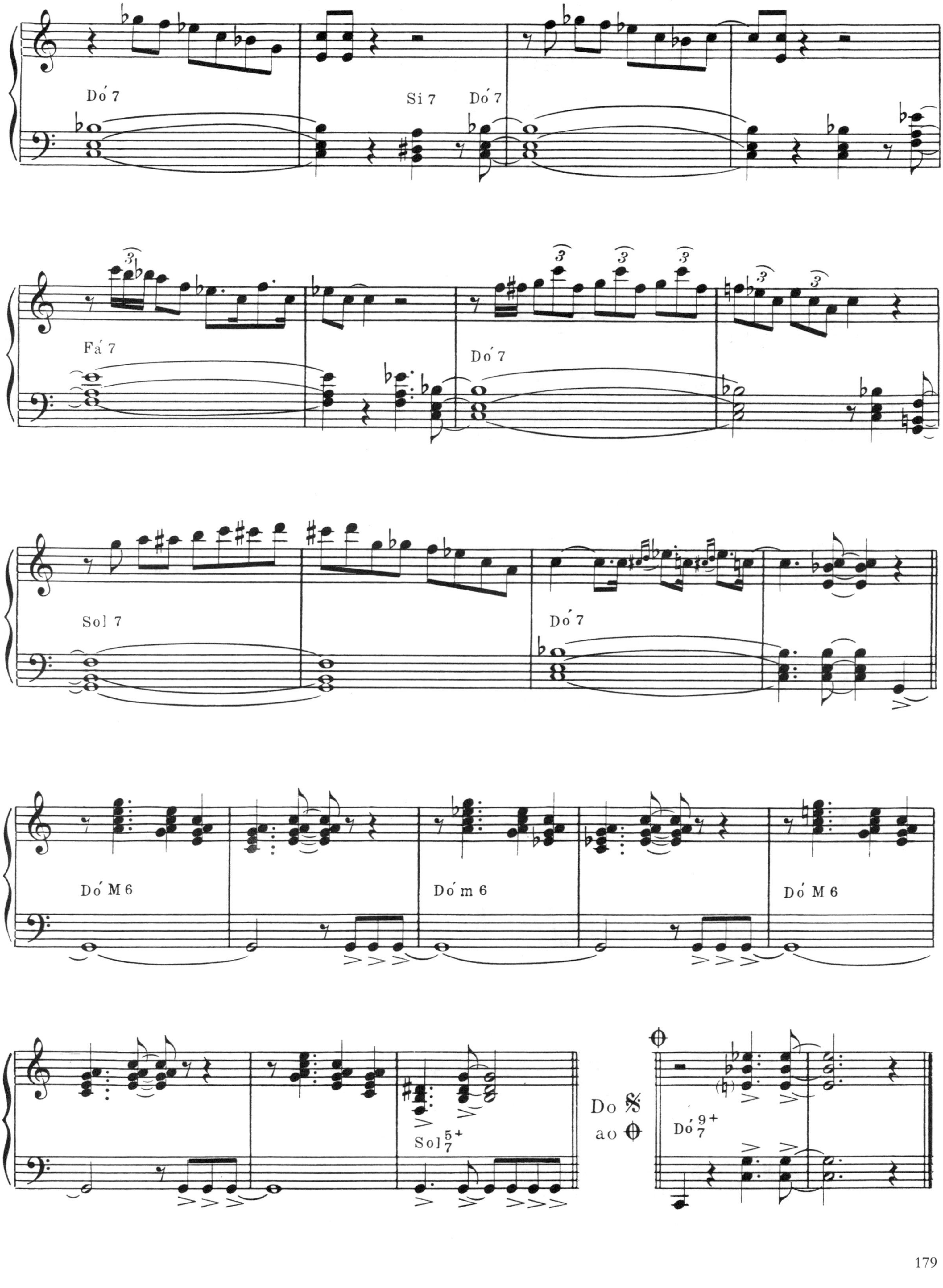
Dó 7
Si 7
Dó 7
Fá 7
Dó 7
Sol 7
Dó 7
Dó M 6
Dó m 6
Dó M 6
Sol 5+ 7
Do 𝄋 ao 𝄌
Dó 9+ 7

A Ópera na Música Jovem

Gioconda
(A dança das horas)

YÊ YÊ YÊ

A. PONCHIELLI

Ré m Sol m Ré m Sol m
Ré m Mi♭M Ré m Lá 7
Ré m Fá M Dó 7
Fá M Mi 7 Lá m Dó M Sol 7
Dó 7 Fá M Dó 7
8ª
Fá M Lá 7 Ré m Fá M Dó 7 Fá M

Rigoleto
(La Donna è Mobile)

BAIÃO

G. VERDI

Rigoleto
(Caro Nome)

YÊ YÊ YÊ

G. VERDI

A Música Clássica no Ritmo Popular
Sinfonia 40
Em Sol Menor K 550
BAIÃO

W. A. MOZART

Ré M
Lá 7
Ré M
Lá 7
Ré M
Lá 7
Ré M
Lá 7
Ré M
Sol m
Dó m
Fá 7
Sib M
Fá 7
Sib M
Fá M
Sib M
Ré 7
Sol m
Mib M
Sib M
Fá 7
Sib M

O alegre camponês

BAIÃO

R. SCHUMANN

Fá M
Si♭ M
Fá M
Dó 7
Fá M
Sol 7
Dó 7
Fá M
Dó 7
Fá M
Si♭ M
Fá M
Dó 7
Fá M
Sol 7
Dó 7
Fá M

Uma pequena serenata à noite

Em Sol Maior K 525
BAIÃO

W. A. MOZART

Ré 7
Sol M
Ré 7
Sol M Ré 7
Sol M Ré 7
Sol M Ré 7
Sol M
Ré 7
Sol M
Ré 7
Sol M
Mi 7
Lá m
Ré 7
Sol M
Dó M
Sol M
Ré 7
Sol M
Ré 7
8.a
Sol M
Ré 7
Sol M

Pour Elise

Para Elisa

SAMBA

L. VAN BEETHOVEN

Mi m
Lá m
Fá M
Fá dm
Sol m
Dó 7
Fá M
Fá M
Fá dm
Dó M
Ré m
Sol 7
Dó M
Fá M
Sol 7
Dó M
Fá M
Sol 7
Mi 7
p
f
f
Lá m
Mi 7
Lá m
Mi 7
Lá m
Mi 7
Lá m

Arranjos de Meia Força

Fascination
VALSA

F. D. MARCHETTI

Fá M
accell.
Dó 5+
Dó 7
poco acell.
rall.
mf
Si♭ M
mosso
Ré dm
Sol m
Sol 7
Do 𝄋 ao 𝄌
Dó M
molto rall.
Fá m

Solamente una vez

FOX-BOLERO

AGUSTIN LARA

Solamente una vez amé en la vida
Solamente una vez y nada más...
Una vez nada más en mi huerto brilló la esperanza,
La esperanza que alumbra el camino de mi soledad.

Una vez nada más se entrega en alma
Con la dulce y total renunciación
Y cuando ese milagro realiza el prodigio de amarte
Hay campanas de fiesta que cantan en el corazón.

Taboo
Tabú

MARGARIDA LECUONA

Noite azul do Oriente,
Tornas o meu coração doente...
Triste, a estrela do Deserto
É como o meu destino incerto...
E eu sonho... E o meu sonho é triste,
Sozinho, depois que partiste...
Ao longe ecoam tambores
E, em coro, ouço vozes em clamores:

TABU! TABU
É a voz do meu triste destino!
TABU! TABU
É bem maior meu desatino...
Amor, onde andarás?
Só tu... Só tu...
Minh'alma da dor salvarás...
Só tu... Só tu...
E o eco a resposta me traz:
TABU! TABU
TABU! TABU

Te quiero, dijiste

Bonequita linda

FOX e BOLERO

MARIA GREVER

Te quiero, dijiste,
Tomando mis manos
Entre tus manitas de blanco marfim
Y senti en mi pecho um fuerte latido,
Despues un suspiro y luego el chasquido de um beso febril.

Muñequita linda, de cabellos de oro,
De dientes de perlas, labios de rubi,
Dime si me quieres como yo te adoro,
Si de mi te acuerdas como yo de ti.

Yá veces escucho un eco divino,
Que envuelto en la brisa, parece decir:
Si, te queiro mucho,
Mucho, mucho, mucho,
Tanto como entonces, siempre hasta morir.

Besame mucho

BOLERO

CONSUELO VELASQUEZ

Besame!...
Besame mucho,
Como si fuera esta noche
La última vez...
Besame mucho,
Que tengo miedo perderte
Perderte después...

Besame!...
Besame mucho
Como si fuera esta noche
La última vez...
Besame mucho,
Que tengo miedo perderte
Perderte otra vez...

Besame!...
Besame mucho
Como si fuera esta noche
La última vez...
Besame mucho,
Que tengo miedo perderte
Perderte después...

Quiero tenerte muy cerca
Mirarme en tus ojos
Verte junto a mí.
Piensa que talvez mañana
Yo ya estaré lejos
Muy lejos de ti...

Hava Nagila

CANÇÃO ISRAELITA

Tradicional

Bis	Hava nagila Hava nagila Hava nagila Venissmechac.
Bis	Hava neranenah Hava neranenah La la la La la la Neranenah.
	Uru uru Achim Uru na achim belev ssameach Uru na achim belev ssameach Uru na achim belev ssameach Uru na achim belev ssameach Uru na achim Uru na achim belev ssameach.
Bis	Hava nagila Hava nagila Hava nagila Venissmechah.

Adios, pampa mia

TANGO CAMPERO

FRANCISCO CANARO, MARIANITO FLORES e IVO PELAY

Adiós, pampa mía!...
Me voy... Me voy a tierras extrañas.
Adiós, caminos que he recorrido,
Ríos, montes y cañadas,
Tapera donde he nacido.
Si no volvemos a vernos,
Tierra querida,
Quiero que sepas
Que al irme dejo la vida.
Adiós!...

Refrán:

Al dejarte, pampa mía,
Ojos y alma se me llenan
Con el verde de tus pastos
Y el temblor de las estrellas...
Con el canto de tus vientos
Y el sollozar de vihuelas
Que me alegraron a veces,
Y otras me hicieron llorar.

Adiós, pampa mía!...
Me voy camino de la esperanza.
Adiós, llanuras que he galopado,
Sendas, lomas y quebradas,
Lugares donde he soñado.
Yo he de volver a tu suelo,
Cuando presienta
Que mi alma escapa
Como paloma hasta el cielo...
Adiós!...

Coda:

Me voy, pampa mía!...
Adiós!...

Historia de un amor

BOLERO

CARLOS ALMARAN

Ya no estás más a mi lado corazón
En el alma solo tengo soledad
Y si yo no puedo verte
Porqué Dios me hizo quererte
Para hacerme sufrir más.
Siempre fuiste la razón de mi existir,
Adorarte para mi fué religión
Y en tus besos yo encontraba el calor
Que me brindaba el amor y la pasión.

Es la historia de un amor como no hay otro igual,
Que me hizo comprender todo el bien, todo el mal
Que le dió luz a mi vida apagándola después
Ay! qué vida tan oscura sin tu amor no viviré.
Es la historia de un amor.

Malagueña

SON HUASTECO

ELPIDIO RAMIREZ e PEDRO GALINDO

Que bonitos ojos tienes
Debajo de esas dos cejas,
Debajo de esas dos cejas
Que bonitos ojos tienes.
Ellos me quieren mirar
Pero si tu no los dejas
Pero si tu no los dejas
Ni siquera parpadear.

Malagueña salerosa,
Besar tus labios quisiera
A tus labios quisiera
Malagueña salerosa
Y decirte niña hermosa
Eres linda y hechicera
Eres linda y hechicera
Como el candor de una rosa.
Y dicirte niña hermosa,
Eres linda y hechicera
Eres linda y hechicera
Como el candor de una rosa
Como el candor de una rosa.

Bis

Si por pobre me desprecias
Yo te concedo razón
Yo te concedo razón
Si por pobre me desprecias.
Yo no te ofrezco riquezas
Te ofrezco mi corazón
Te ofrezco mi corazón
A cambio de mi pobreza.

Mano a mano

TANGO

ESTEBAN FLORES e CARLOS GARDEL

Rechiflado en mi tristezas, te evoco y veo que has sido
En mi pobre vida paria, solo una buena mujer;
Tu presencia de bacana puso calor en mi nido
Fuiste buena consecuente y yo se que me has querido
Como no quisiste a nadie, como no podrás querer...

Se dió el juego de la contra cuando vos pobre percanta
Gambeteabas la pobreza en la casa de pensión...
Hoy sos toda uma señora, la vida te rie y canta
Los billetes que te sobran, los tirás a la machanta
Como juega el gato maula con el misero ratón.

Hoy tenes el «mate» lleno de infelices ilusiones
Te engañaron los amigos, destrozaron tu ilusión...
La milonga entre magnates con sus locas tentaciones
Donde triunfan dia a dia tus altivas pretensiones
Se te ha entrado muy adentro en el pobre corazón...

Nada debo agradecerte, mano a mano hemos quedado
No me importa lo que hecho, lo que haves ni lo que harás...
Los favores recebidos, creo habértelos pagado
Y si algunas deuda chica sin querer se me ha olvidado
En la cuenta del amigo que tenes se la cargás...

Mientras tanto... que tus triunfos, pobres triunfos pasajeros!
Sean una larga fila de riqueza y placer...
Que el amor que te acamala tenga pesos duraderos
Que con el tus sentimientos sean nobles y sinceros
Y que digan los muchachos «Como te debe querer!»

Y mañana... cuando seas descolado mueble viejo
Y no tengas esperanzas en el pobre corazón
Si precisas una ayuda, si te hace falta un consejo:
Acordate de este amigo que ha de jugarse el pellejo
Pa ayudarte en lo que pueda, cuando llegue da ocasión...

Mi Buenos Aires querido

TANGO

ALFREDO LE PERA e CARLOS GARDEL

Mi Buenos Aires querido
Cuando yo te vuelva a ver
No habrá más penas ni olvido.
El farolito de la calle en que nascí
Fué el centinela de mis promessas de amor
Bajo su quieta lucecita yo la ví
A mi pebeta luminosa como un sol.
Hoy que la suerte quiere que te vuelva a ver
Ciudad porteña de mi único querer
Y oigo la queja
De um bandoneón
Dentro del pecho pide rienda el corazón.

Mi Buenos Aires
Tierra florida
Onde mi vida
Terminaré.
Bajo tu amparo
No hay desengaños
Vuelan los años
Se olvida el dolor.

En caravana
Los recuerdos pasan
Con una estela
Dulce de emoción.
Quiero que sepas
Que al evocarte
Se van las penas
De mi corazón.

La ventanita de mi calle de arrabal
Donde sonríe una muchachita en flor
Quiero de nuevo yo volver a contemplar
Aquellos ojos que acarician al mirra.
En la cortada más maleva una canción
Dice su ruego de coraje y de pasión
Una promesa
Y un suspirar
Borró una lágrima de pena aquel cantar.

Mi Buenos Aires querido
Cuando yo te vuelva a ver
No habrá más penas ni olvido.

Granada

FANTASIA ESPANHOLA

AGUSTIN LARA

Fá#7
Si m
La M Sol M
Fa#7
Si m
Lá M Sol M
Fa#7
Tempo de Habanera
SOLO p
Lá 7
Ré M
Mi 7
Rápido
Lá 7
mf
Ré M
Lá 7
Ré M

Fá♯m
rall.
p
Valsa
lento
Dó♯7
Fá♯m
Dó♯7
Fá♯m rall
Gra-na-da
Lá7
mf
a tempo
Ré M
Lá7
Ré M
p

Granada
Tierra soñada por mi
Mi cantar se vuelve gitano cuando es para ti
Mi cantar
Hecho de fantasia
Mi cantar
Flor de melancolia
Que yo te vengo a dar

Granada
Tierra ensanguentada en tardes de toros
Mujer que conserva el embrujo de los ojos moros
De sueño rebelde y gitana cobierta de flores
Y beso tu boca de grana
Jugosa manzana
Que me habla de amores
Granada
Manola cantada en coplas preciosas
No tengo otra cosa que darte que un ramo de rosas
De rosas de suave fragancia
Que le dieran marco
A la Virgen morena
Granada
Tu tierra está llena
De lindas mujeres, de sangre y de sol.

Canções que a vovó cantava
Meus oito anos

Versos de
CASIMIRO DE ABREU

Allegro (M.M. ♩=144)

Oh! que saudades que eu tenho
Da aurora da minha vida
Da minha infância querida
Que os anos não trazem mais!
Que amor, que sonhos que flores
Naquelas tardes fagueiras!
À sombra

Oh! que saudades que eu tenho,
Da aurora da minha vida,
Da minha infância querida,
Que os anos não trazem mais!
Que amor, que sonhos, que flores
Naquelas tardes fagueiras!
À sombra das bananeiras
Debaixo dos laranjais!

Naqueles tempos ditosos
Ia colher as pitangas,
Trepava a tirar as mangas,
Brincava à beira do mar;
Rezava as Aves Marias,
Achava o céu sempre lindo,
Adormecia sorrindo
E despertava a cantar!

N.B.: Esta poesia de Casimiro de Abreu consta de seis versos, porém, para cantar, usa-se somente o primeiro e o último.

Sentada numa cadeira

Moderato

Canção Brasileira

Modinhas que o vovô cantava
Constança

Modinha Brasileira

Moderato

Cons_tan_ça meu bem Cons_tan_ça Cons_tan_te sempre se_rei Cons_tan_te a_té á mor_te Cons_tan_te eu mor_re_rei! Cons_rei

Tenho ciúmes

Modinha Brasileira

Moderato

Te_nho ci_ú_mes ci_ú_mes de lou_co Pen_so que Te_nho no mun_do um ri_val Se a_mas a ou_tro Oh! meu

crescendo

Moreninha, se eu te pedisse

Modinha Brasileira

Lento

Melodias que a babá cantava
Belarmino tinha uma flauta

Melodia Popular

Tempo de Baião

Bis { Belarmino tinha uma flauta,
A flauta do Belarmino,
O pai do Belarmino dizia: toca flauta

Esta música não tem fim, repete-se quantas vezes quizer, obedecendo o Ritornello.

Seu Mariano

Tempo de Mazurca   Melodia Popular

Esta letra é assim, repetindo toda a vida: Seu Mariano bota o pé aqui,
Seu Mariano bota o pé ali.

Batuque na cozinha

Tempo de Batuque   Melodia Popular

Batuque na cozinha Sinhá não qué
Por causa do batuque queimei meu pé
Trepei na roseira Quebrei um gaio
Segura morena si não eu caio.

Folclore Brasileiro
Mineiro pau

Brasil

Tempo de Baião

Você diz que não me quer
Mineiro pau! Mineiro pau!
Nem eu estou lhe querendo;
Mineiro pau! Mineiro pau!
Um amor paga com outro...
Mineiro pau! Mineiro pau!
Nada fico lhe devendo,
Mineiro pau! Mineiro pau!

Você diz que bala mata...
Mineiro pau! Mineiro pau!
Bala não mata ninguém,
Mineiro pau! Mineiro pau!
A bala que mais me mata,
Mineiro pau! Mineiro pau!
São os olhos de meu bem
Mineiro pau! Mineiro pau!

Meu bandolim

Brasil

Tempo de Marcha

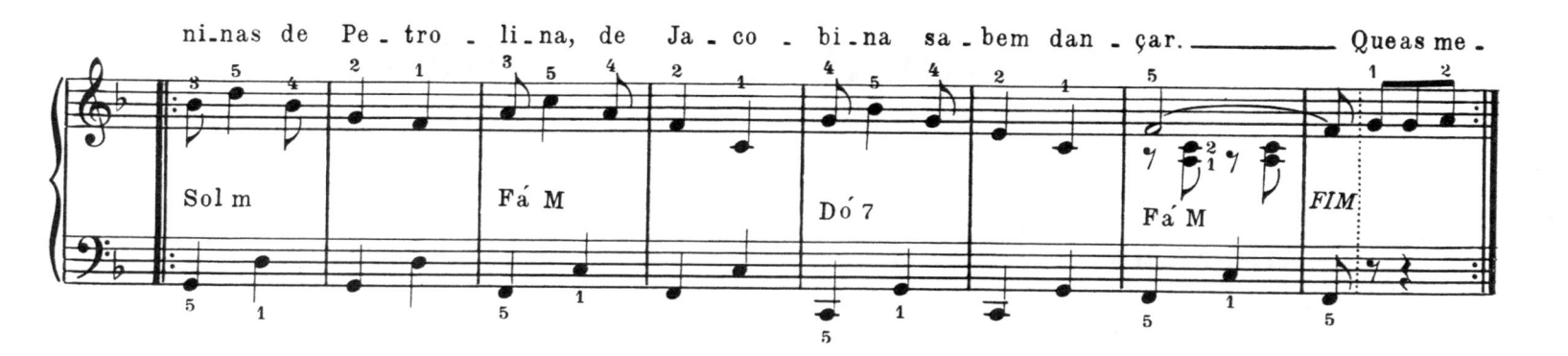

ninas de Petrolina, de Jacobina sabem dançar. _____ Que as me-

Meu bandolim, ó meu bandolar!
Ó não acaba de me matar!
Bis { Que as meninas de Petrolina,
De Jacobina sabem dançar.

Bis { Eu amanhã de madrugada
Vou dar parte ao delegado
Que o maldito trem de ferro
Carregou o meu namorado.

Flor da China

Brasil

Tempo de Marcha

Minha flor da China Minha namorada! Minha borbo-
leta De asa dourada Um, dois, três, Quatro, cinco,
seis, Sete, oito, nove, Para doze faltam três!

Minha terra tem palmeiras

CANÇÃO BRASILEIRA

Versos de
A. GONÇALVES DIAS

Minha terra tem palmeiras
Onde canta o sabiá
As aves que aqui gorjeiam
Não gorjeiam como lá.

Nosso céu tem mais estrelas
Nossas várzeas têm mais flores
Nossos bosques têm mais vida
Nossa vida mais amores.

Em cismar sozinho à noite
Mais prazer encontro eu lá
Minha terra tem palmeiras
Onde canta o sabiá.

Minha terra tem palmeiras
Onde canta o sabiá
As aves que aqui gorjeiam
Não gorgeiam como lá.

Não permita Deus que eu morra
Sem que volte para lá
Sem que desfrute os primores
Que não encontro por cá.

Sem que aviste as palmeiras
Onde canta o sabiá
Sem que aviste as palmeiras
Onde canta o sabiá.

Caixinha de música

PECINHAS FOLCLÓRICAS

MÁRIO MASCARENHAS

Moderato (M.M. ♩=88)

229

Canções Folclóricas Internacionais

Momô Taro, o filho do pêssego

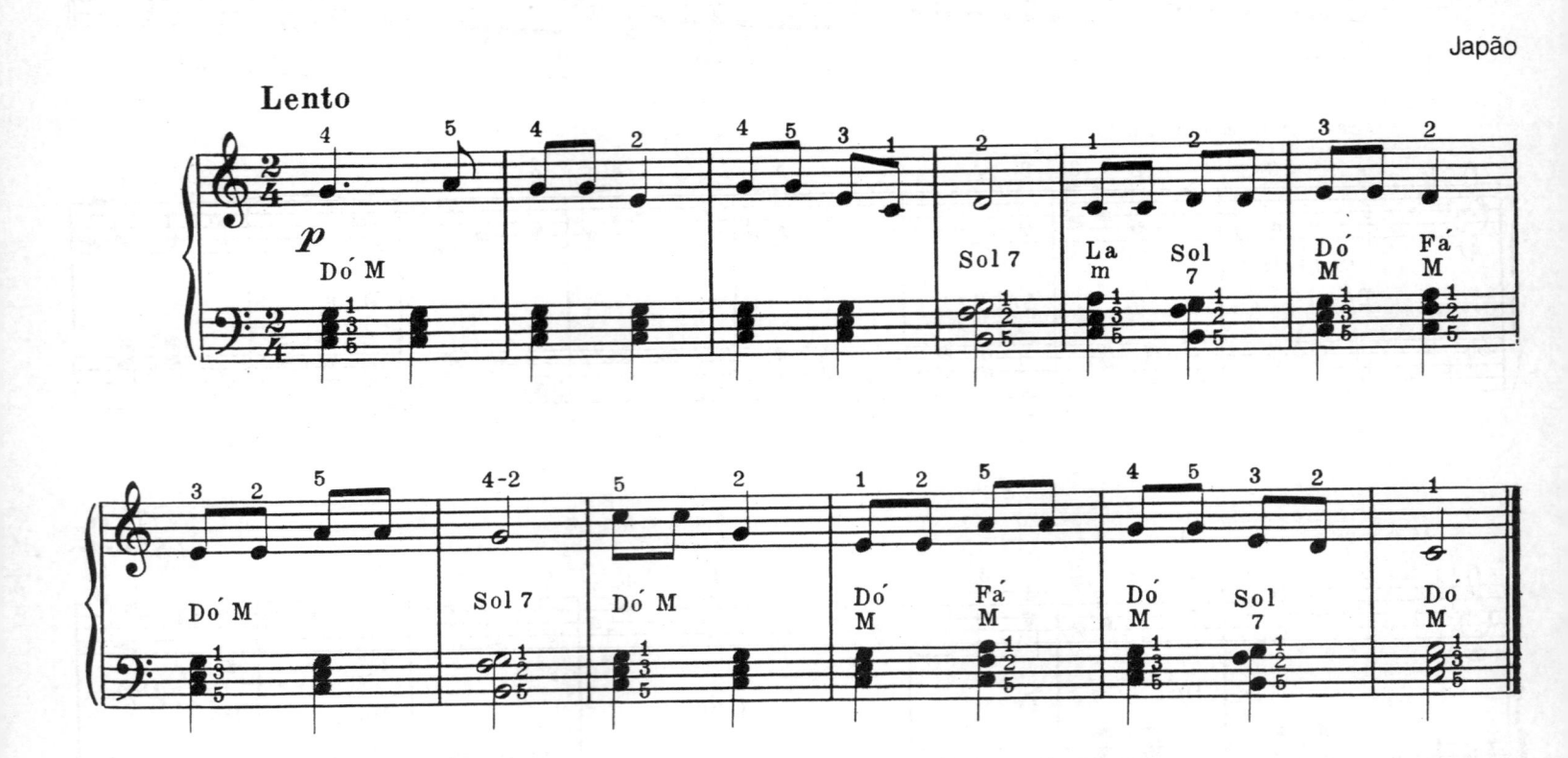

Japão

Lento

Rosa de espinho
Dornröschen

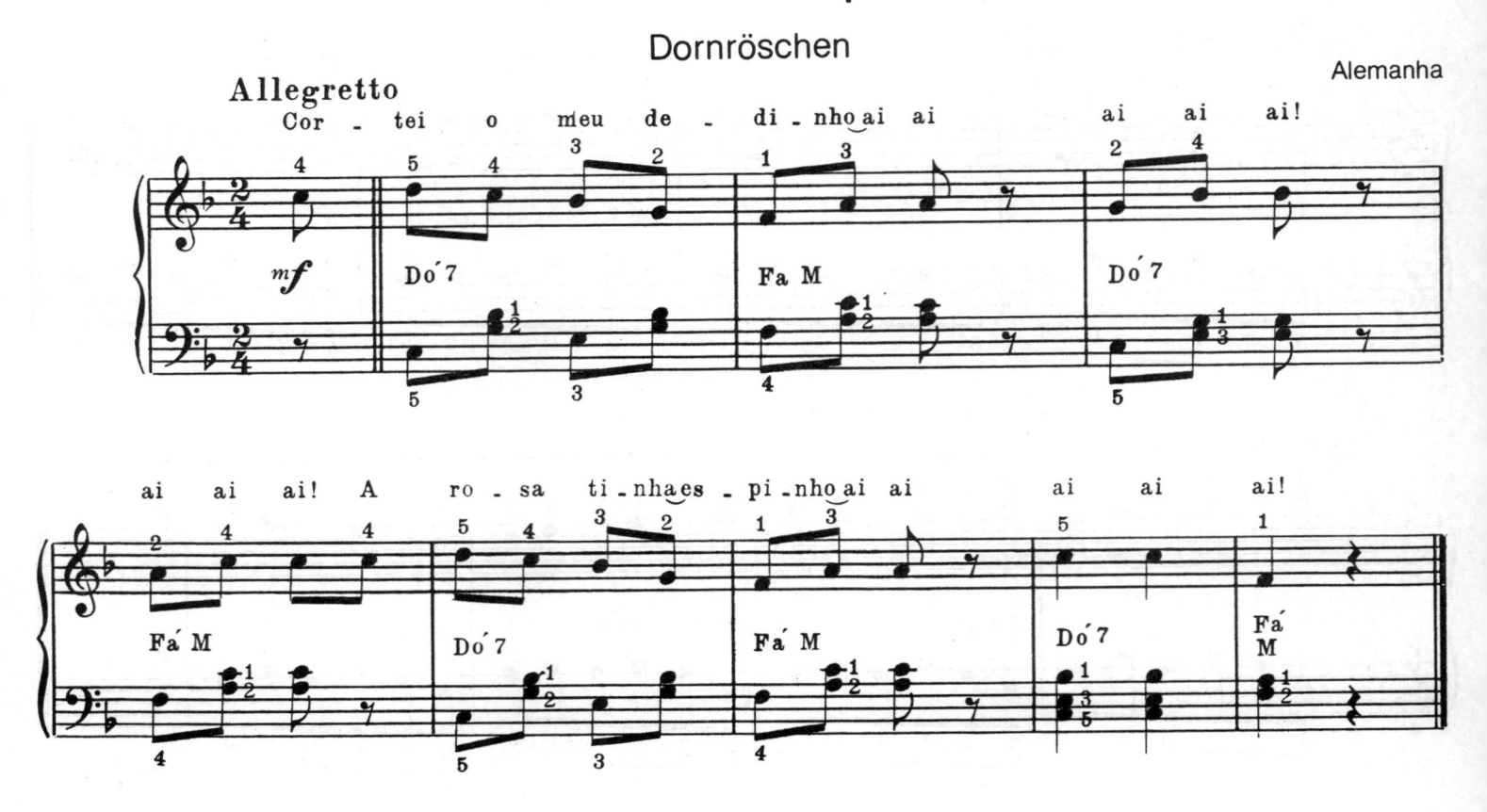

Alemanha

Allegretto

Cor - tei o meu de - di - nho ai ai ai ai ai!

ai ai ai! A ro - sa ti - nha es - pi - nho ai ai ai ai ai!

Bajó un angel del cielo

Folclore Argentino

Moderato (M.M. ♩. = 50)

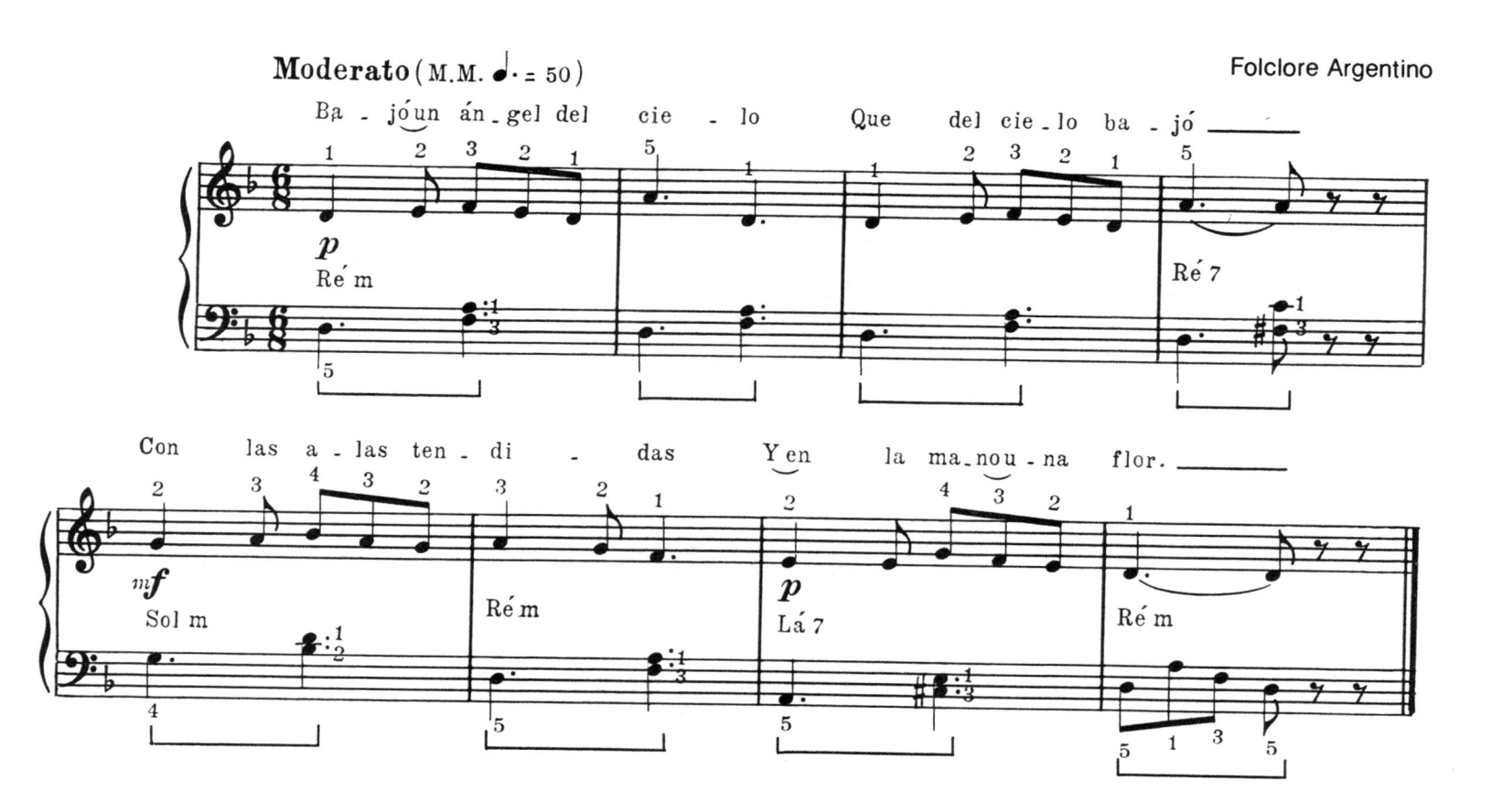

Bajó un ángel del cielo
Que del cielo bajó
Con las alas tendidas
Y en la mano una flor.

Arroz con leche

Folclore Argentino

Allegro (M.M. ♩ = 120)

Arroz con leche, Me quiero casar
Con una señorita, De San Nicolás.

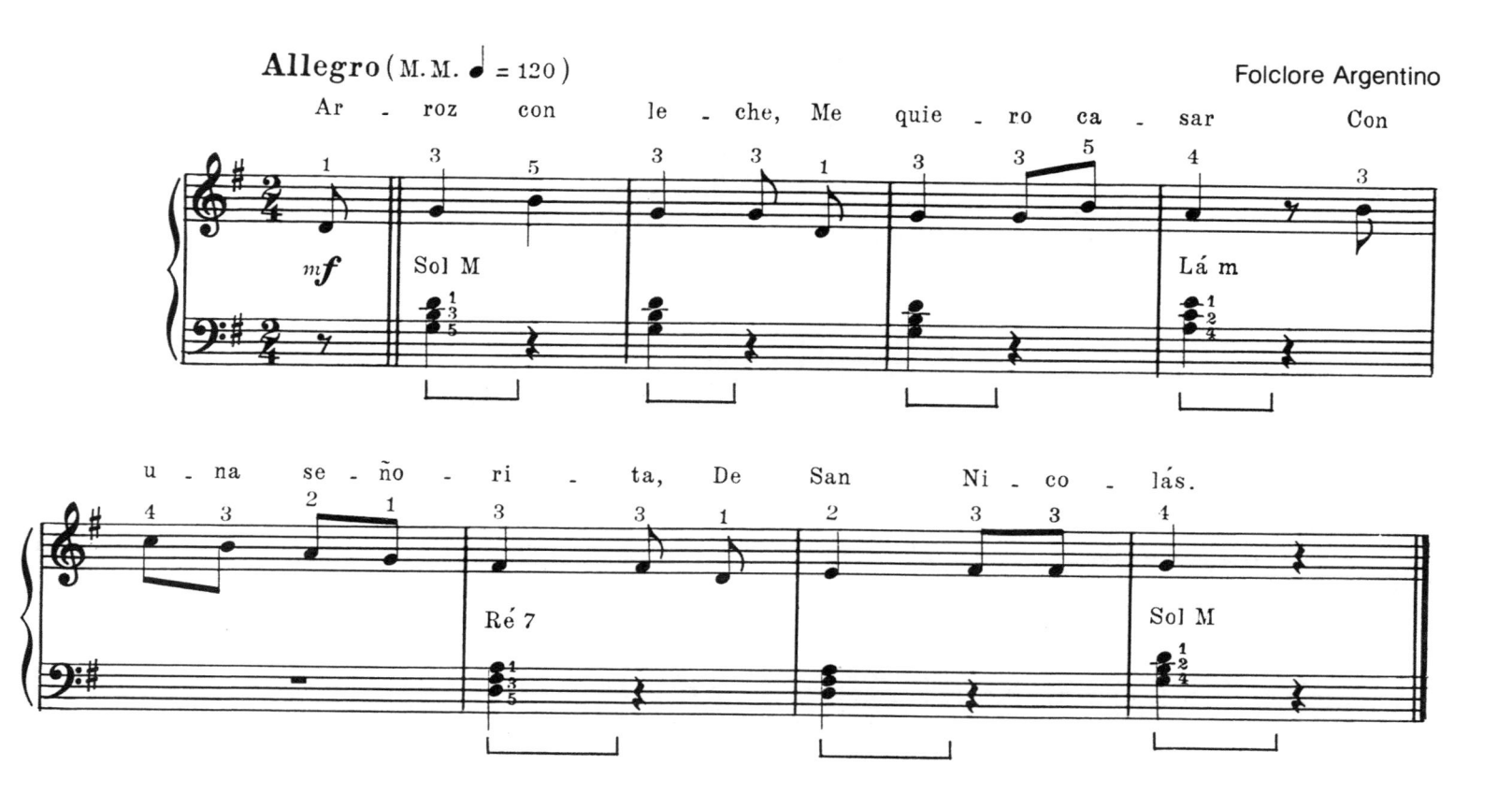

Docinhos de Alexandria

CANÇÃO DE NINAR

Folclore da Grécia
Tradução de
MÁRIO MASCARENHAS

Larghetto (M.M. ♩=58)

Dor_me fi_lhi_ (*vocalizando*) _nho   Dor_me cal_mi_____
_nho   Eu vou com_prar pra vo_cê___ do_ci_nhos de   A_le_xan_dri___
a   Lá de A_the_nas eu vou tra_zer   Um brin_que_
di_____ nho   E em Cons_tan_ti_no_pla_____ Va_mos pas_sear
Oh! meu an_ji_____ nho.   (*Boca Chiusa*)   *sumindo*

Chanson des Scieurs de Long

Canção do Serrador

Célebre Canção Belga

Muito lento

Il n'y a rien d'meilleur au monde
La-dé-ri, la - ri - ron! Il n'y a rien d'plus jo-li
Qu'un bon sci-eur de long,
Lá-dé-ri, la-dé-ra, la-dé-ri, la-ri-ron!

Il n'y a rien de meilleur au monde
Ladéri, lariron!
Il n'y a rien d'plus joli
Qu'un bon scieur de long,
Ladéri, ladéra, ladéri, lariron!

Quand il est sous l'ombrage
Ladéri, lariron!
Il est bien plus gentil
Que l'plus beau bucheron.
Ladéri, ladéra, ladéri, lariron!

Cânticos Católicos
Ave de Lourdes

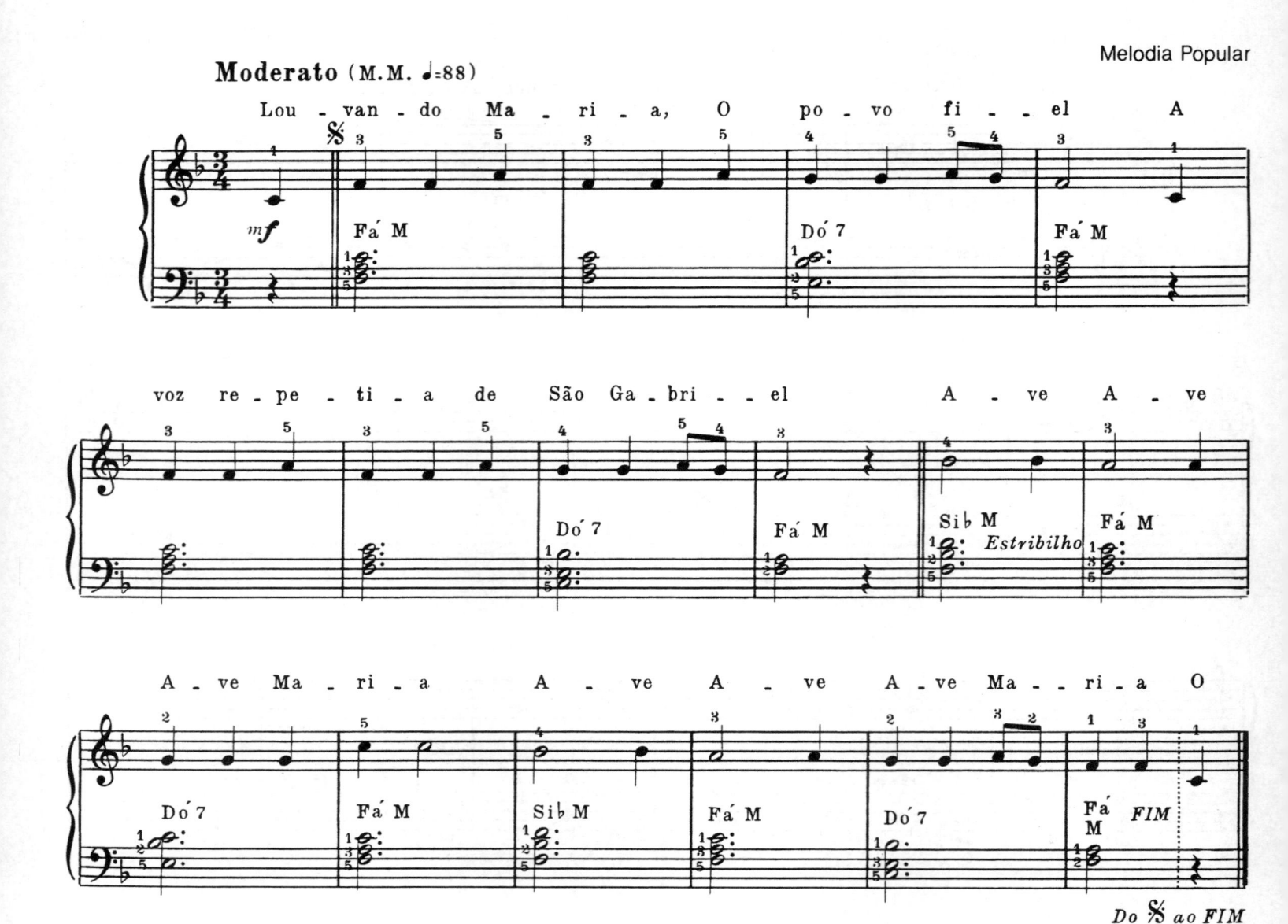

Melodia Popular

Moderato (M.M. ♩=88)

Louvando Maria, O povo fiel A voz repetia de São Gabriel Ave Ave Ave Maria Ave Ave Ave Maria O

Estribilho

O anjo descendo
Num raio de luz
Feliz Bernadete
A fonte conduz.

A brisa que passa
Aviso lhe deu,
Que uma hora de graça
Soará no céu.

Vestida de branco
Ela apareceu,
Trazendo na cinta
As cores do céu.

Mostrando um rosário
Na cândida mão,
Ensina a importância
Da santa oração.

A linfa que surge
Da fonte a correr,
Aos pobres enfermos
Remédio há de ser.

— Quem sois, oh! Senhora
Que nome trazeis?
— Sou a IMACULADA,
Da culpa de Adão!

Queremos Deus

F. X. MOREAU

Queremos Deus! Homens ingratos
Ao Pai supremo, ao Redentor,
Zombam da fé, os insensatos
Erguem-se em vão contra o Senhor.

Estribilho:

Da nossa fé, Oh! Virgem,
O brado abençoai!
Bis { Queremos Deus, que é o nosso Rei!
Queremos Deus, que é o nosso Pai!

Queremos Deus! Um povo aflito,
Oh! Doce Mãe vem repetir,
Aos vossos pés, d'alma este grito,
Que aos pés de Deus fareis subir.

Queremos Deus! Na pátria amada
Amar-nos todos como irmãos,
E ver a Igreja respeitada,
São nossos votos de cristãos.

Queremos Deus! E pronto vamos
Sua lei santa defender.
Sempre servi-lo aqui juramos
Queremos Deus até morrer.

Oh! Maria Concebida

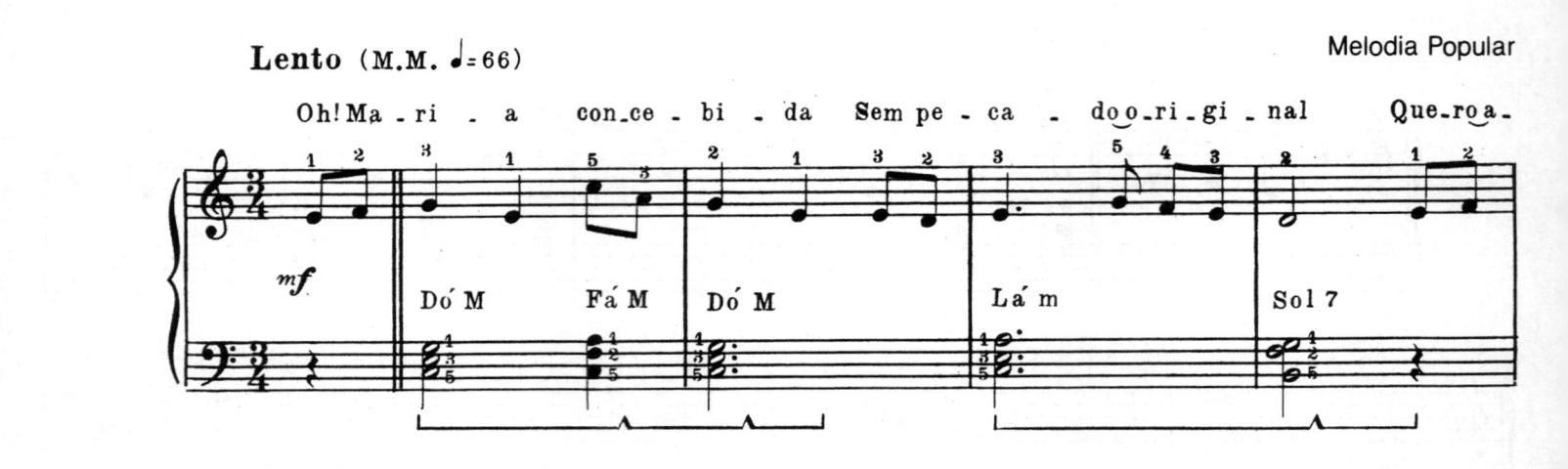

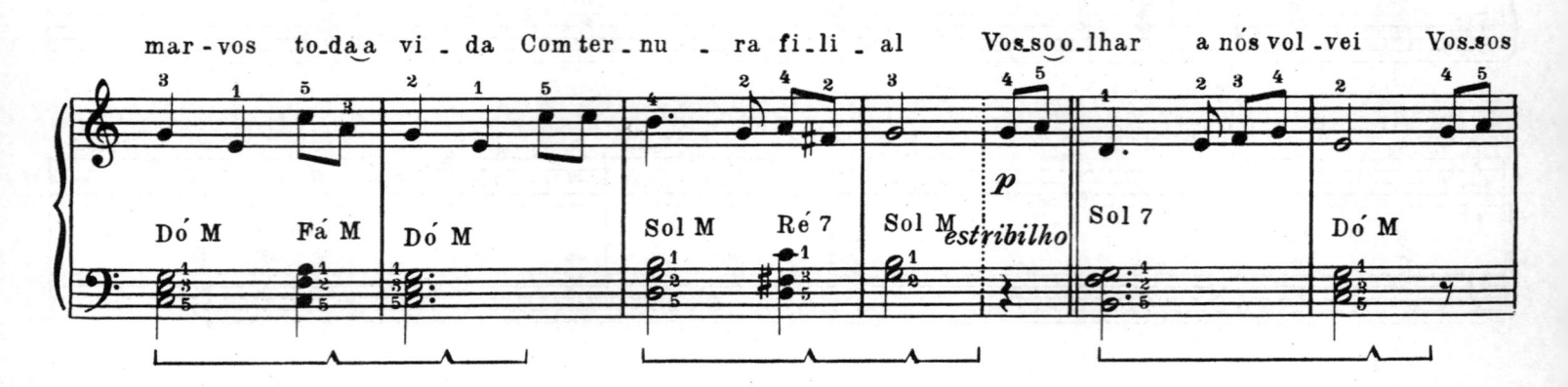

Melodia Popular

Lento (M.M. ♩=66)

[Sheet music with lyrics:]
Oh! Maria concebida Sem pecado original Quero amar-vos toda a vida Com ternura filial Vosso olhar a nós volvei Vossos filhos protegei Oh! Maria Oh! Maria Vossos filhos protegei

Sois estrela de bonança
Entre as trevas a brilhar,
Sois farol de segurança
A quem sulca o negro mar.

Açucena sois dos vales
Sois da fonte o frescor,
Sois alívio em nossos males
E prazer em nossa dor.

Junto a vós, jasmins e rosas
Não têm graça nem fulgor,
Porque sois a mais formosa
Entre as obras do Senhor.

Quero amar-vos todo o dia,
Na ventura e no sofrer,
Invocar-vos na agonia,
Invocar-vos e morrer.

Oh! Maria Concebida

Lento (M.M. ♩=66)
Como cantada em Minas

Peças e Trechos Internacionais
Valsa

J. BRAHMS

Sinfonia da surpresa

Tema

J. HAYDN

Ruínas de Atenas

Marcha Turca

L. VAN BEETHOVEN

Romance

Opus n.º 5

P. TCHAIKOVSKY

Adagio

da Sonata n.º 2 Opus 35

F. CHOPIN

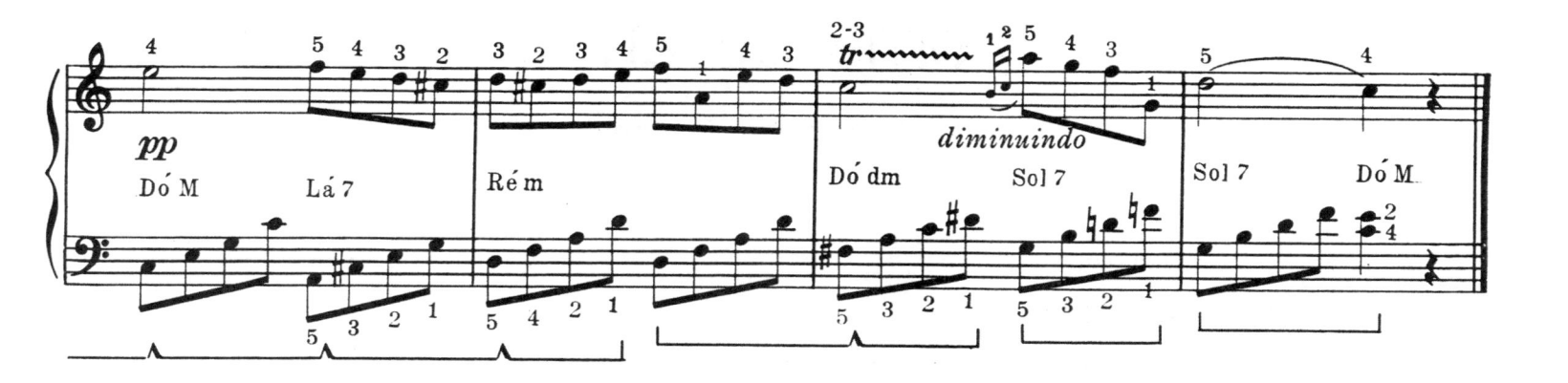

Mazurca

P. TCHAIKOVSKY

Tema do amor

Polovetzian Dances

ALEXANDER P. BORODIN

245

Fenesta che Lucive

ANTIGA CANÇÃO NAPOLITANA

Versioni di
MATTEO PALARDI

Anônimo

Fenesta che lucive e mò non luci sign'è
Nenna mia stace ammalata
S'affaccia la sorella e me lo dice
Nennella toja è morta e s'è atterrata
Chigneva sempe ca dormeva sola, ah!
Mó duerme co li muorte accompagnata!
Mó duerme co li muorte accompagnata!

Finesta che lucevi ed or non luci,
Segno che Nina mia giace ammalata
S'affaccia la sorela e ahimè, mi dice:
Nina tua è già morta e sotterrata
Piangeva sempre perchè tanto sola, ah!
Con gli angeli ora vive in compagnia!
Con gli angeli ora vive in compagnia!

Va nella chiesa e scuopre lo tavuto
Vide Nennella toja comm'è tornata
Da chella vocca che nasceano ciure
Mo n'esceno li vierme, oh che piatate!
Zi Parrocchiano mio, abbice cura,
Na lampa sempre tienece allumata.
Na lampa sempre tienece allumata.

Va nella chiesa ed apri la sua fossa
Ve'la bellezza sua com'è sfiorita
Quella boccuccia un giorno tanto rossa
Or è una triste cosa senza vita!
Parroco mio, la lampada sospesa
Su questa tomba tieni sempre accesa!
Su questa tomba tieni sempre accesa!

Farandole

Marcha dos três reis

(Suite Arlesiana nº 2)

GEORGES BIZET

Ré 7
Sol m
Ré 7
Sol m
Ré 7
Sol m
Ré 7
Dó m
Sol m
f
Dó m
Ré 7
Sol m
Dó m
Ré 7
Sol m

Homenagem ao Ballet
OS MAIS BELOS TRECHOS DE GISELLE

Entrada de Giselle
1.º ATO

ADOLPHE ADAM

Andante (M.M. ♩=76)
Cena de Amor
mf
Ré 7
Sol M
Ré 7
Sol M
p
Ré 7
Sol M
Ré 7
FIM
Sol M
mf
Lá 7
Ré M
Lá 7
Ré M
Lá 7
Ré 7
Lá 7
Ré M
DO 𝄋 AO FIM

Giselle e Loys

Pas de Deux

1.º Ato

ADOLPHE ADAM

Variação de Giselle

1.º Ato

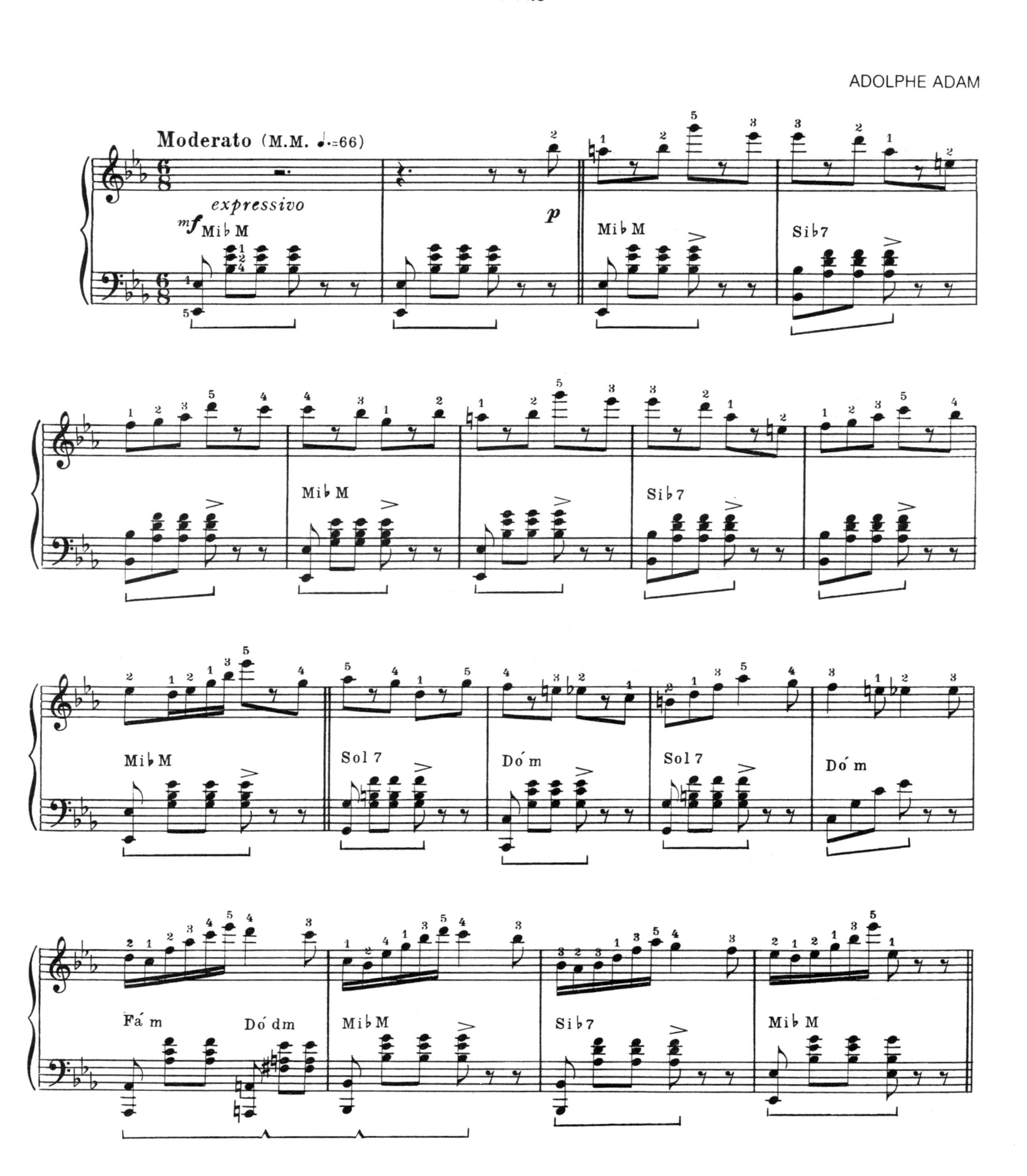

ADOLPHE ADAM

Valsa de Giselle

do Ballet Giselle

ADOLPHE ADAM

Sol M
p
Ré 7
Mi m
Fá m
Ré 7
Sol M
Sol 7
p
Dó M
Ré m
Sol 7
Dó M
mf
Ré m
Sol 7
Dó M

Adagio

Grand Pas-de-Deux

do Ballet Giselle

2.º Ato

ADOLPHE ADAM

Cena Final
2º ATO

ADOLPHE ADAM

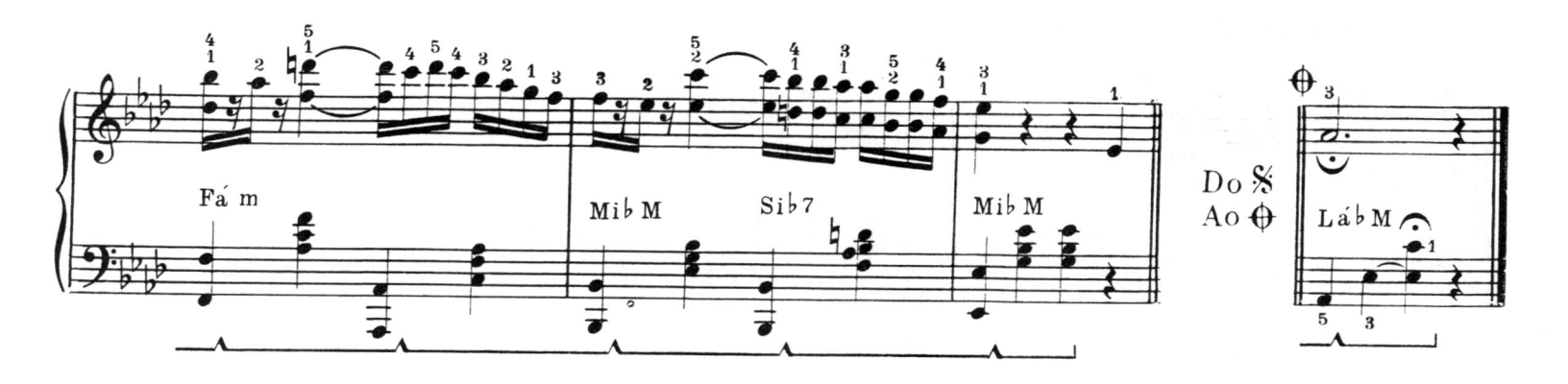

Moderato (M.M. ♩=105) — Desponta a aurora e Giselle desaparece pouco a pouco

Giselle dá adeus a Loys
pp poco meno
Fá M
Dó 7
p Fá M pp
Sib m
diminuindo
Giselle desaparece para sempre.
sumindo
Allegro (M.M. 𝅗𝅥=80)
p Fá M
crescendo
animando
ff
Risoluto
Desce a cortina
Dó 7
Sib m
sf
FIM

á Prof.ª BELMIRA CARDOSO

Idílio espanhol

N'uma festa campestre

MÁRIO MASCARENHAS

Allegro (M.M. ♩. = 80)
Todos os bailarinos dançam a Jota

Gracioso

Maestoso (M.M. ♩=100)

O grande sapateador executa novos passos

Allegro (M.M. ♩=80)

Uma linda bailarina dança sozinha, despertando a atenção do sapateador.

Bem saleroso

Allegro (M.M. ♩=80)
O sapateador se exibe para a graciosa bailarina.
rallentando súbito
rallentando muito
Moderato (M.M. 𝅗𝅥.=54) Misterioso e calmo.
Os jovens se apaixonam (Cena do Idílio)
leve e com expressão, (Imitando solo de guitarra espanhola).

Moderato (M.M. 𝅗𝅥. =80)
O jovem sapateia feliz.
a bailarina
p Sempre piano, vagaroso e calmo
apressando pouco a pouco
mf
executa piruetas.
8a
crescendo e apressando muito
ff
Vivace (M.M. 𝅗𝅥. =84)
Todos dançam admirando o belo par.
p
Sapateado
f affrettando
ff

Sapateado

f affrettando

ff

Allegro (M.M. ♩.=84)
O sapateador dança com a jovem e os bailarinos se afastam lentamente.

pp rallentando — — — — diminuindo — — — — Fermata pp longa

Adagio (M.M. ♩ 54)
Cena do Amor

Apaixonadamente

Maestoso (M.M. ♩= 76)
(Vivo M.M. ♩= 138)
Os bailarinos se aproximam.
Rapidíssimo, sempre legato
Allegro (M.M. ♩= 84)
Todos dançam em homenagem ao Amor.
crescendo e apressando sempre

O autor compôs esta peça para Piano, porém, será de grande efeito para Ballet, representando uma cena de amor espanhol numa festa campestre.

Ao preparar o bailado, o coreógrafo poderá, a seu critério, repetir cada trecho uma ou mais vezes, conforme a idealização da sua coreografia. Este bailado foi montado em Montevidéo pela Professora Iris Calderara.

A bela adormecida

(do Ballet O Lago dos Cisnes)

VALSA

P. I. TCHAIKOVSKY

Variações sobre olhos negros

NOTURNO

(Inspirado na peça Le Lac de Come)

Idealização de
MÁRIO MASCARENHAS

Tema: OLHOS NEGROS
Célebre Canção Russa

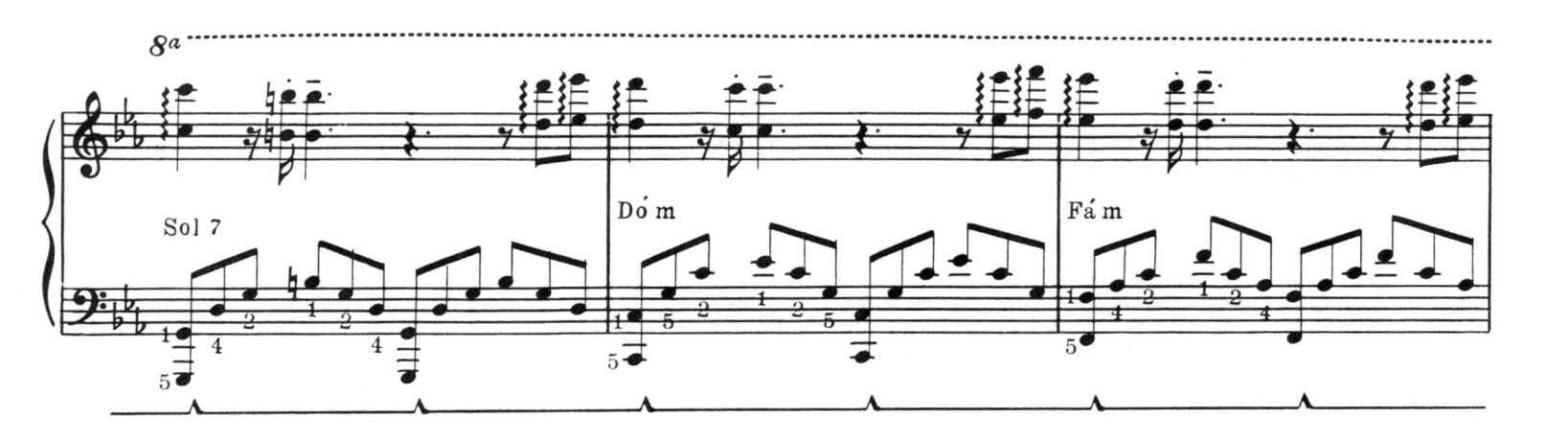

poco mais lento e com expressão
Sol 7
Dó m
Sol 7
Dó m
Fá m
Dó m
Sol 7
rall.
Dó m
Presto
Rápido vibrante
Sol 7
Dó m
Sol 7
Dó m
8a
8a
Fá m
Dó m
ff
Sol 7
Rapidíssimo
rall.
Sol 7
Dó m6
Sol m
Ré 7

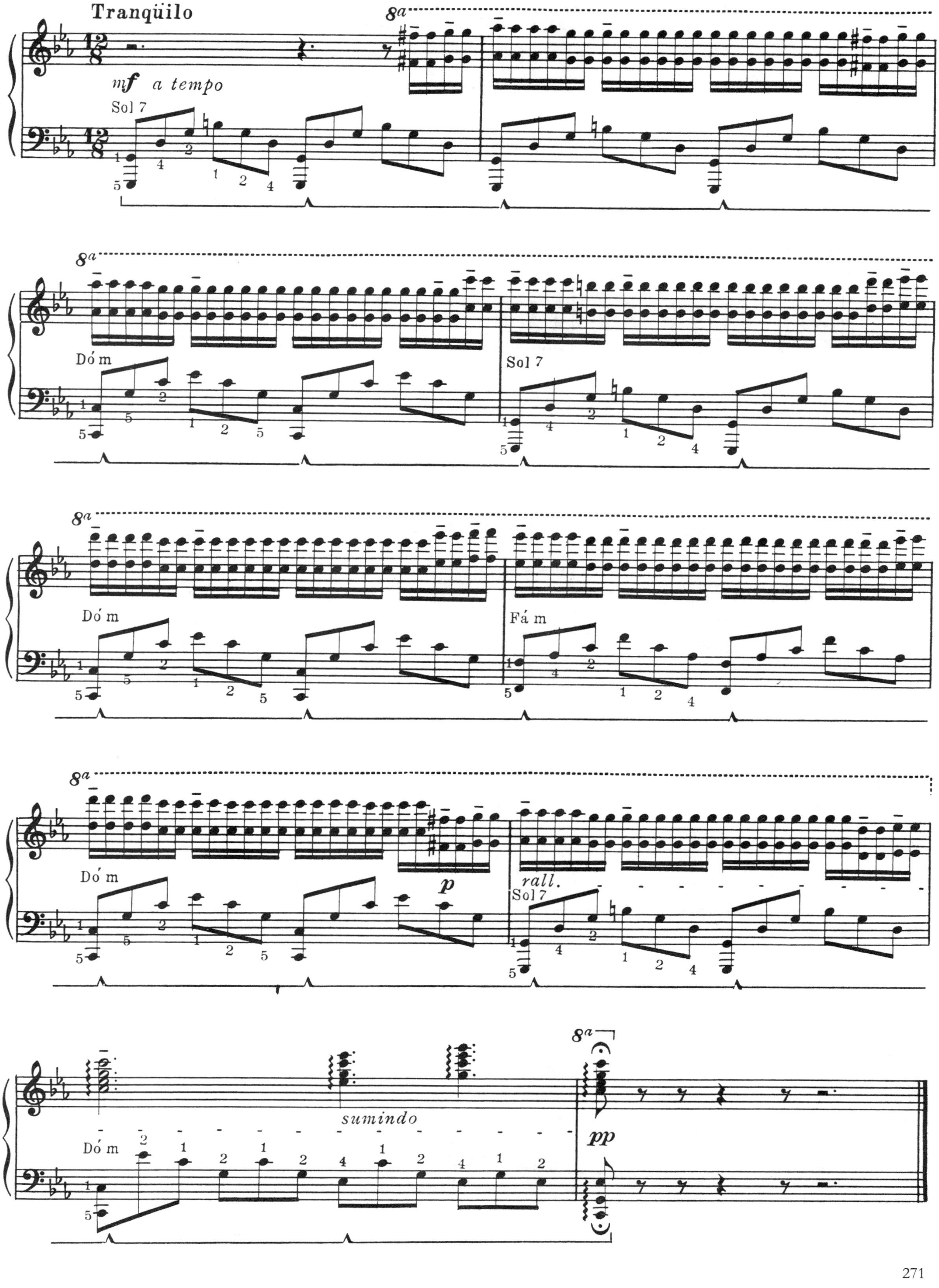

Tranqüilo
mf a tempo
Sol 7
8a
Dó m
Sol 7
8a
Dó m
Fá m
8a
Dó m
p
rall.
Sol 7
8a
sumindo
Dó m
pp

Tema do Concerto n.º 1

Opus 11

F. CHOPIN

273

Dedicadas aos Virtuoses do Piano

Noturno

Opus 9 nº 2
PARA A MÃO ESQUERDA

A. SCRIABINE

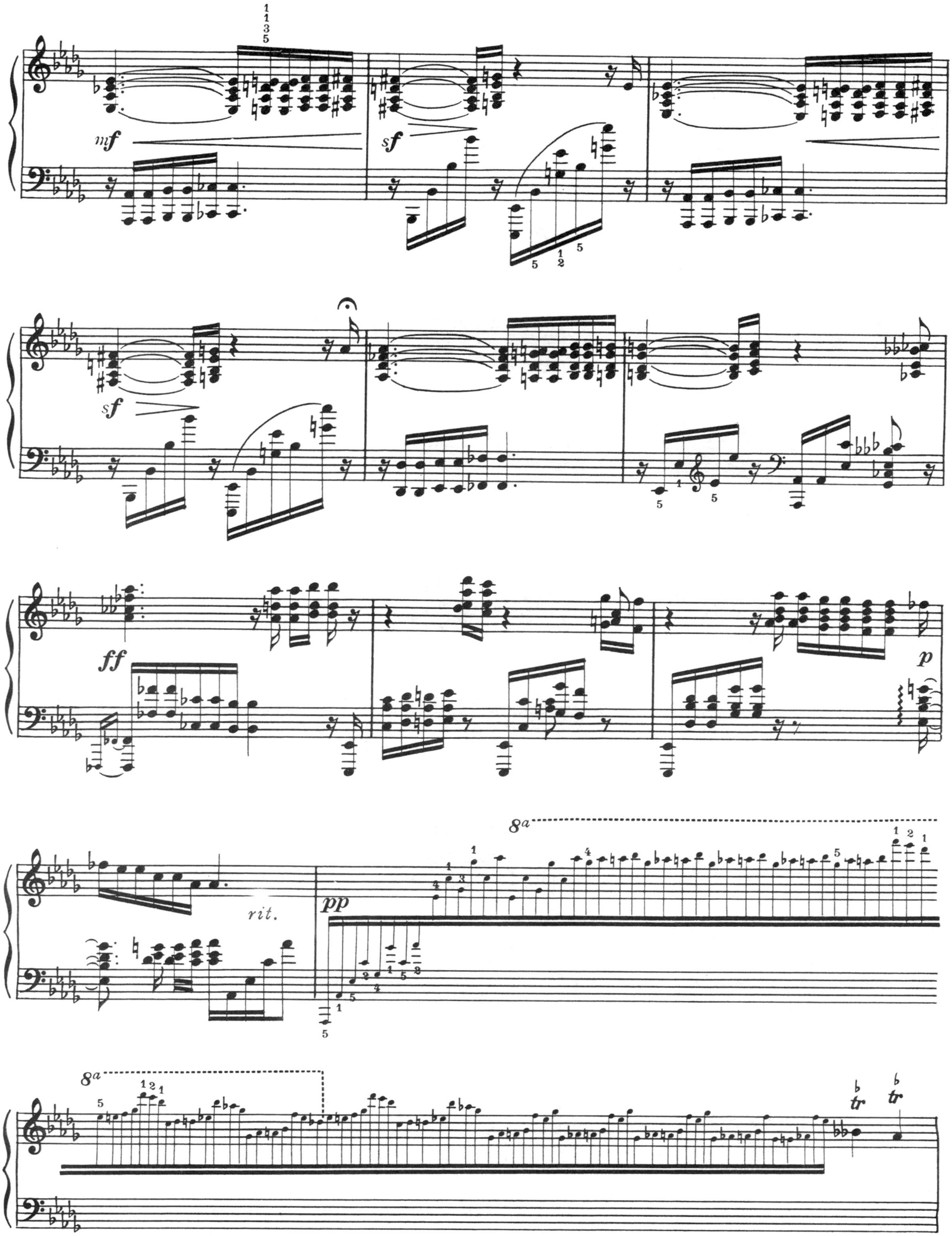
mf
sf
sf
ff
p
rit.
8a
pp
8a
tr
tr

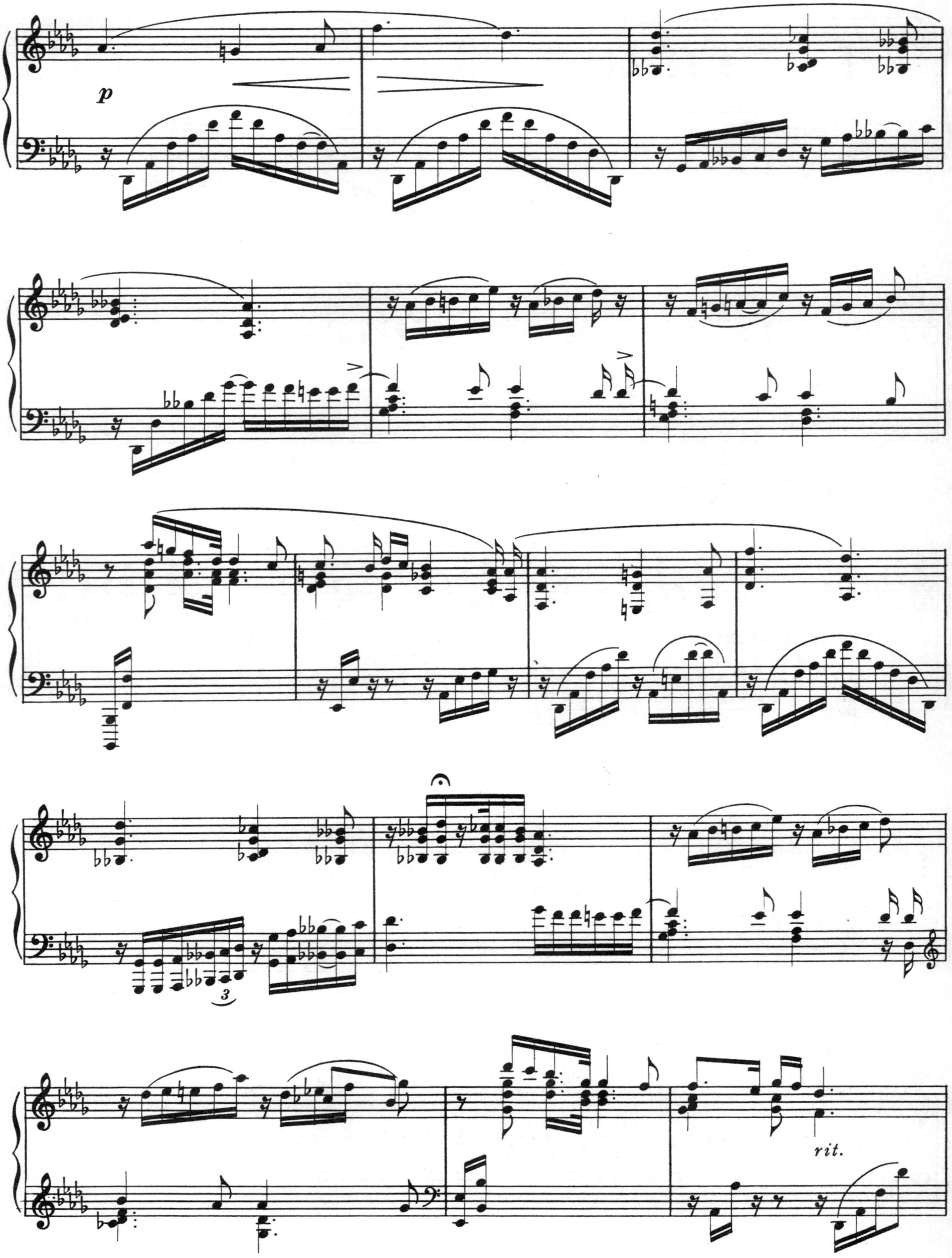
p
3
rit.

277

Étude

Opus 2 n.º 1

A. SCRIABINE

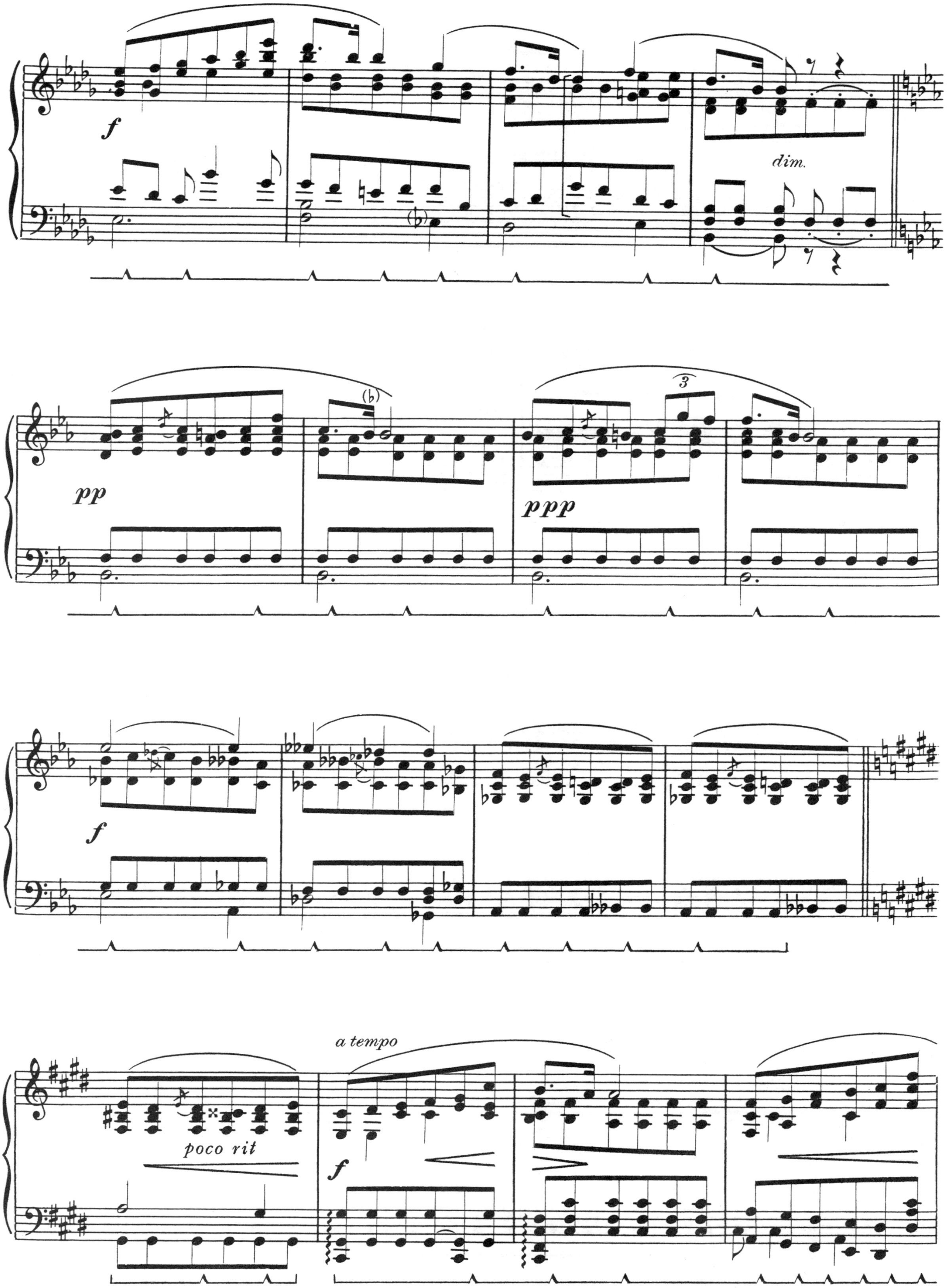
f
dim.
pp
ppp
f
a tempo
poco rit
f

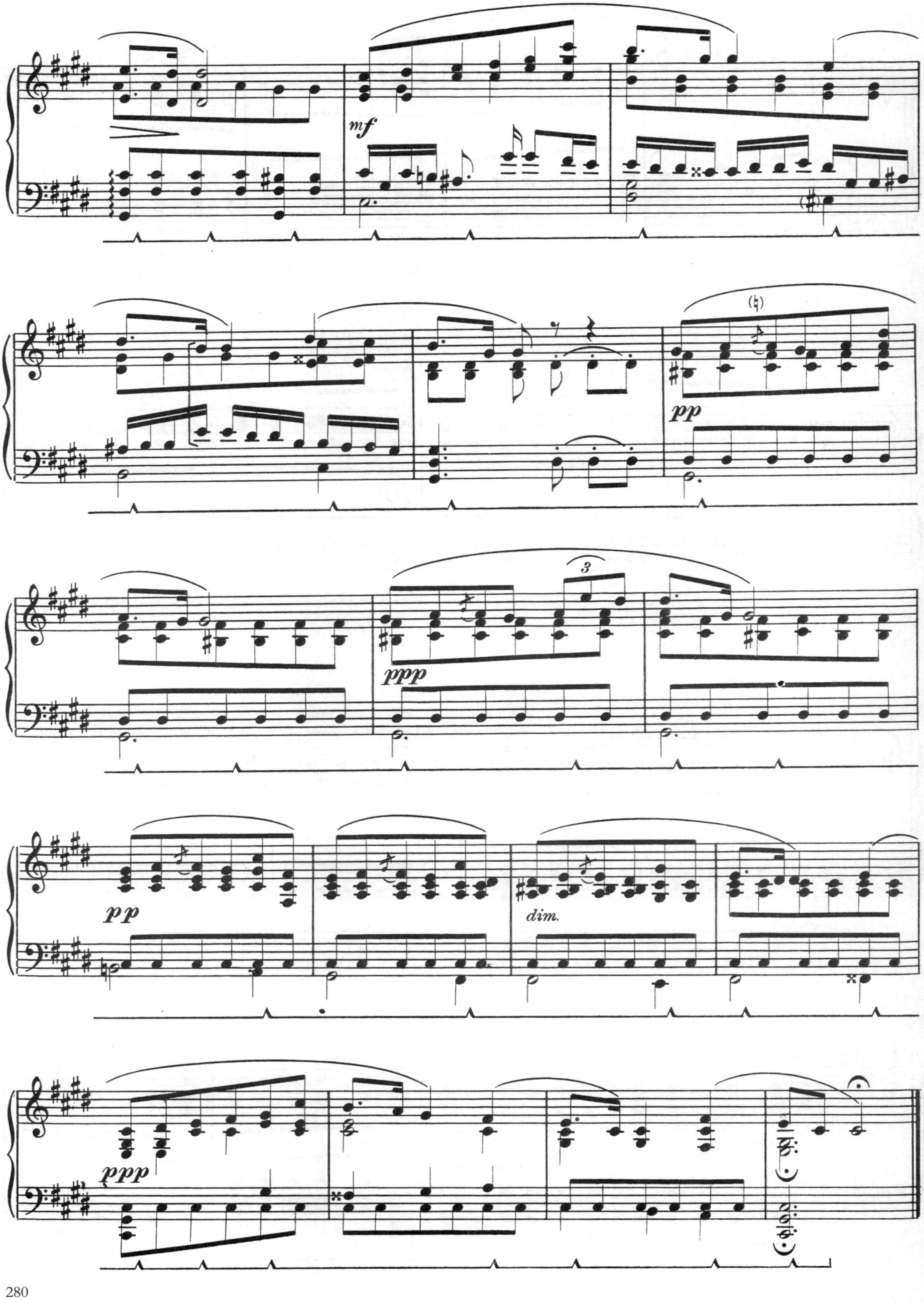
mf
pp
ppp
pp
dim.
ppp

Arabesque n.º 1

CLAUDE DEBUSSY

Ritardando
p
a Tempo
Ritardando
p
a Tempo
Poco mosso
p
cresc.
p

Tempo rubato (menos vivo)
p
sf
Mosso
p
cresc.
Ritardando Mosso
f
p
cresc.
a Tempo
f
f
p

Risoluto
Ritardando
dim molto
1º Tempo
più dim. - -
Ritardando a Tempo
p
poco a poco cresc.
Stringendo - - - -
Ritardando
sempre cresc.

a Tempo

Rêve d'amour

Noturno n.º 3

F. LISZT

Poco allegro, con affetto

p dolce cantando

cresc. ed agitando un poco

calmandosi
cresc. ed
agi-tato
rit.
a tempo
p
pp accelerando
8a
8a

Più animato con passione
cresc. molto
poco rit.
f
a tempo
sempre string.
f
più f

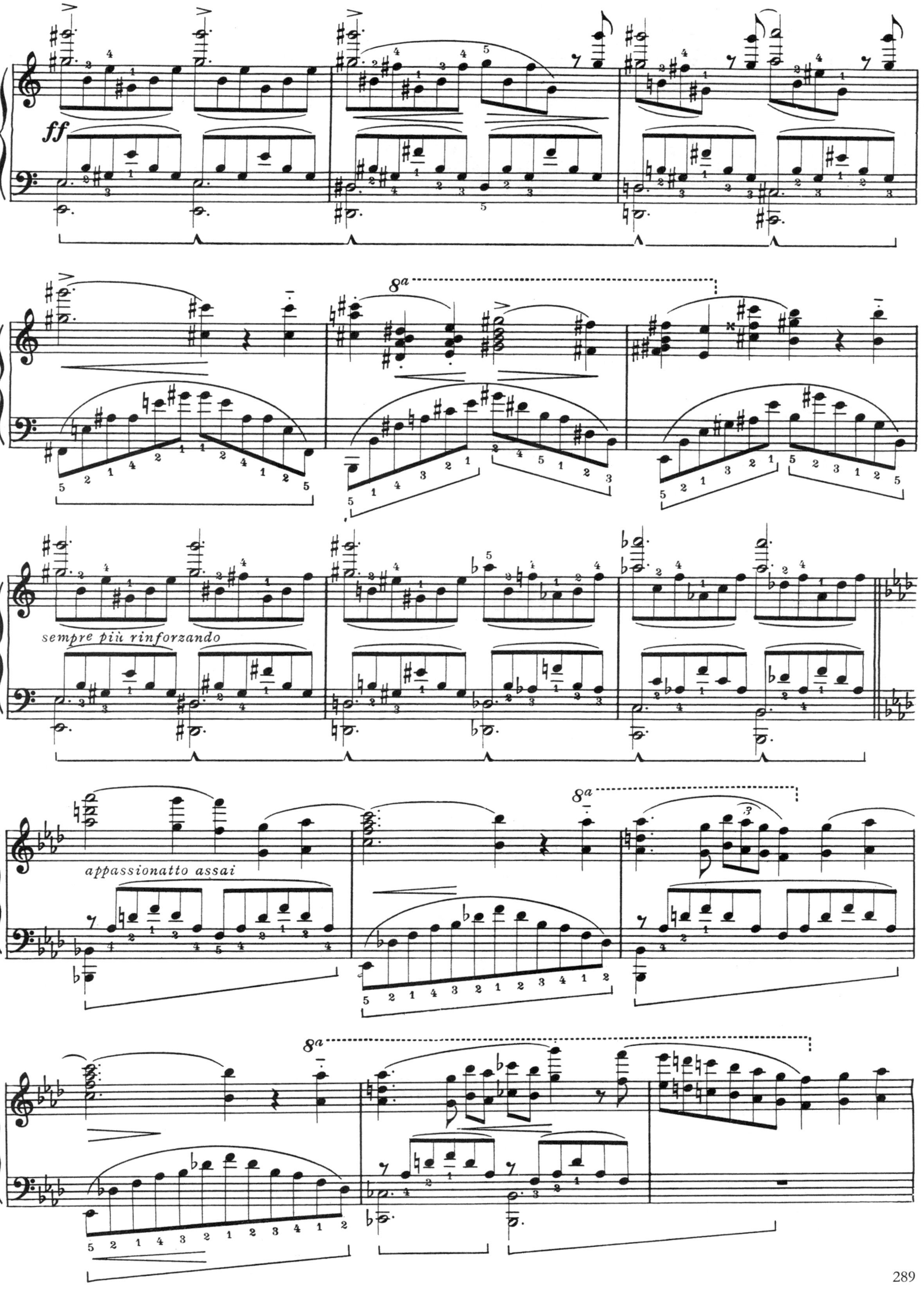
ff
sempre più rinforzando
appassionatto assai
8a

affrettando
dim.
m.e.
leggero
pp
Iº Tempo (ma più calmo)
dolce armonioso
una corda
pp

291